# Bücherschätze
# aus der Bibliothek im Gymnasium
# Ernestinum zu Rinteln

GEORG SCHWEDT

2017

# INHALT

Vorwort **5**

Einführung: Aus der Bestandsgeschichte der Bibliothek **7**

Ausgewählte Bücherschätze

    I. Geschichte **11**

    II. Literatur, Sprache, Philosophie, Jura **46**

    III. Theologie **81**
          sowie Sammlungen von Reden **92**

    IV: Naturwissenschaft und Medizin sowie
        Kameralwissenschaft **99**

Verzeichnis der Werke (Autor und Kurztitel) **118**

Literatur **120**

Herstellung und Verlag:
BoD - Books on Demand, Norderstedt
ISBN 978-3-7431-4183-4

## Vorwort

Als Schüler der Oberstufe im Gymnasium Ernestinum zu Beginn der 1960er Jahre, damals noch in den Gebäuden am Kollegienplatz, war ich zusammen mit meinem Klassenkameraden Rüdiger JORDAN Büchereihelfer unseres Deutschlehrers Wilfried KLUTE, dem ich das besondere, bis heute anhaltende Interesse an Büchern und der Literaturgeschichte verdanke.

Die spätere Leiterin der Bücherei im Gymnasium in der Paul-Erdniß-Straße, Margret LAUE, Tochter der Schulsekretärin Laue in meiner Schulzeit, war es, durch die ich über einen Beitrag in der Schaumburger Zeitung Jahre nach meinem Abitur darauf aufmerksam wurde, dass der Restbestand aus der ehemaligen Universität Rinteln in die heutige Kreisergänzungsbücherei kam. Und heute, weitere viele Jahre später, kurz vor dem 200. Jahrestag der Gründung des Gymnasiums Ernestinum als einer Nachfolgeeinrichtung der vergangenen Universität Rinteln, habe ich die Gelegenheit wahrgenommen, mich mit den noch vorhandenen historischen Buchbeständen näher zu beschäftigen.

Obwohl ich Chemiker geworden bin, drei Jahrzehnte als Hochschullehrer gelehrt und geforscht habe, hat sich das im Gymnasium durch Wilfried KLUTE geweckte Interesse an Literatur – und an Büchern – fortgesetzt. So habe ich als Kurator in einem Forschungsfreisemester die Ausstellung *Chemie zwischen Magie und Wissenschaft. Ex Bibliotheca Chymia von 1500 bis 1800* (1991) im Zeughaus der Herzog August Bibliothek in Wolfenbüttel gestalten können. Als kleinere Ausstellungen folgten *Naturwissenschaftliche Werke von 1530 bis 1750 aus der Calvörschen Bibliothek* in der UB der TU Clausthal (1991) sowie *Populäre und angewandte Naturwissenschaften. Werke des 18. und 19. Jahrhunderts aus der Fürstlichen Bibliothek* im Sommersaal von Schloß Corvey bei Höxter an der Weser (1992).

Im Archivraum der Bücherei im Gymnasium Ernestinum habe ich im Frühjahr und Sommer 2016 die im Folgenden vorgestellten Werke aus dem 16. bis 18. Jahrhundert, also aus der Zeit der ehemaligen Universität, ausgewählt und stelle sie als *Bücherschätze* hier näher mit ihren Autoren vor. Das älteste Buch wurde 1538 gedruckt – und ein Werk von 1784 stammt auch aus der Druckerei und dem Verlag von Anton Henrich BÖSENDAHL in Rinteln.

Ich danke der Leiterin der Kreisergänzungsbibliothek im Gymnasium Ernestinum Frau Bibliothekarin Berit GRALLERT, für die stets freundliche und tatkräftige Unterstützung bei meinen Besuchen in der Bibliothek, für die nicht immer einfache Anfertigung der Kopien der Titelseiten aus den ausgewählten Werken, die im Buch nach dem Einscannen abgebildet sind, und für die Kopien der Karteikarten aus dem Zettelkatalog.

## Einführung: Aus der Bestandsgeschichte der Bibliothek

Der Literatur- und Buchwissenschaftler Bernhard FABIAN (bis zur Emeritierung 1996 Professor für Anglistik in Münster) stellte in seinem „Handbuch der historischen Buchbestände in Deutschland" (27 Bände), erschienen ab 1991 (digitalisiert von der SUB Göttingen), auch die „Bestandsgeschichte" der damals unter „Gymnasium Ernestinum-Zentralbibliothek im Schulzentrum" aufgeführten Bibliothek vor.

Die Geschichte der Bibliothek beginnt mit der Gründung der *Academia Ernestina* durch Graf Ernst von Holstein-Schaumburg (1569-1622) 1610 in Stadthagen als *Gymnasium Illustre* – mit vier Fakultäten, Rektoratsverfassung, jedoch ohne Promotionsrecht – hier folge ich den Angaben von Willy HÄNSEL in seinem *Catalogum Professorum Rinteliensium* (Bösendahl, Rinteln 1971). 1619 erhält der Graf, der von Kaiser Ferdinand II. in den Reichsfürstenstand erhoben wird, das Universitätsprivileg.

Graf Ernst von Holstein-Schaumburg

Rinteln zur Zeit der Universität – unter *SIS CONSTANS* kleingedruckt *Universitet* (Stich aus Daniel Meisner „Thesaurus philopoliticus", Frankfurt am Main um 1629)

1621 erfolgt die feierliche Eröffnung der *Academia Holsato-Schaumburgica* in der Stadtkirche zu Rinteln.
Fabian berichtet, dass die Statuten der neugegründeten Hochschule eine Dienstordnung für die Bibliothek enthielten, „eingeleitet mit der Mahnung, aus den ‚Büchermassen' des Jahrhunderts nur das Wertvollste für die Anschaffung auszusuchen." Da jedoch Fürst Ernst bereits ein Jahr danach verstarb, bestand die geplante Bibliothek nur auf dem Papier, d.h. die Rintelner Professoren mussten auf ihre eigenen Bücher zurückgreifen.
Im letzten Jahrzehnt des Dreißigjährigen Krieges (1618-1648) konnte mit der Anlage einer Universitätsbibliothek begonnen werden. Der ab 1729 als o. Professor der Beredsamkeit, Historie und Politik in Rinteln

wirkende Nikolaus FUNCK (1693-1777) wurde 1730 Bibliothekar und berichtete, dass „der damalige Rektor 1644 mit einem Geschenk von 24 Bdn. den Grundstock der Sammlung" gelegt habe. Der Universitätsbuchdrucker Peter LUCIUS aus Gießen (ab 1622 in Rinteln), weitere Professoren und auch außeruniversitäre Förderer schlossen sich als Spender von Büchern (und auch Geld) an, so dass sich langsam eine Büchersammlung entwickeln konnte. Hinzu kamen die Veröffentlichungen Rintelner Professoren sowie Dissertationen:
*„Was jeder Professor oder Studiosus edieret, davon giebt er ein Exemplar zu der Bibliothec…".*

1809 endet die Geschichte der Rintelner Universität: König Jérome von Westphalen, der Bruder Napoleons, löst sie auf. Der Bestand der Bibliothek wird auf etwa 8000 Werke geschätzt. Sie sollten an die Universitäten Göttingen, Halle und Marburg aufgeteilt werden. Der Bestand setzte sich vor allem aus Lehrbüchern theologischen, historischen, juristischen und naturwissenschaftlichen Inhalts zusammen sowie aus zahlreichen Sammelbänden mit teilweise bis zu 30 Einzelschriften. Die vorgesehene Aufteilung wurde jedoch zunächst durch Proteste von Bürgern und auch durch die Zeitläufte verhindert.

1817 kam es zur Gründung des heutigen Gymnasiums Ernestinum als Höhere Schule. Der Rintelner Schulrat versuchte die Zerstückelung der Bibliotheksbestände zu verhindern – jedoch erzielte er nur einen Teilerfolg. Nachdem bereits ein Teil der Bücher sowie einige mathematische und physikalische Instrumente nach Göttingen gelangt waren, erhielt die Universität Marburg den Hauptteil an Büchern – etwa 2200 Bände. 1857 erwarb die Marburger Bibliothek auch den größten Teil der Hassiaca-Sammlung. Zuletzt gelangten 1905 4000 Druckschriften, 41 Handschriften sowie eine Sammlung von Pergamentfragmenten und eine handschriftliche arabische Gebetsrolle nach Marburg.

In seiner *Bestandsbeschreibung* gibt FABIAN den historischen Bestand mit 1671 Titeln in 2075 Bänden an – eine Inkunabel, 27 Titel des 16. Jhs., 88 Titel des 17. Jhs, 152 Titel des 18. Jhs. Und 1403 Titel des 19. Jhs. Er berichtet, dass der Altbestand seit 1986 systematisch geordnet worden sei (Stand 1997).

Aus dem Gesamtbestand hebt Fabian u.a. „Textausgaben deutschsprachiger Literatur" (563 Titel) hervor, „die vor allem aus der Epoche der Aufklärung, des Idealismus sowie des Realismus stammen, die einschlägigen Autoren umfassen und teilweise in Erstausgaben vorliegen. Hinzu kommen 235 Werke an fremdsprachiger Literatur, fast ausschließlich französische Literatur des 18. Jhs. ebenfalls häufig in Erstausgaben."

Und zur Landeskunde stellt er fest, dass sie 248 Werke umfasse, „wobei der Schwerpunkt bei Hessen und der Grafschaft Schaumburg bzw. Schaumburg-Lippe liegt. Als Beispiele seien genannt Cyriak Spangenberg, Chronicon Schawenburgense (Stadthagen 1614) – 2016 nicht am Platz gefunden – und Johann Conrad Paulus, Geschichte des Möllenbecker Klosters (Rinteln 1784). Für die „Natur- und Angewandte Wissenschaften" nennt er 64 Werke, darunter Linnés Fauna Suecica, Stockholm 1761.

# I. Ausgewählte BÜCHER zur GESCHICHTE

## Nr. 1 - 1614
Angaben im Zettelkatalog:

| |
|---|
| 524 Ser/inv |
| Serres, Jean de:<br>Inventaire general de l'Historie de France ... /par Jan des Serres.<br>Paris: Guillemont et Mettayer. – 1136 S. + Anh. - [Vol. 1]<br>(Inventaire general de l'Historie de Frances ...; Vol. 1<br>20.931 |

Zu diesem vor dem Dreißigjährigen Krieg in Paris gedruckten Werk waren folgende Details zu ermitteln:

Der Autor JAN DE SERRES (1540-1598) war ein französischer Historiker und ein Berater König Heinrich IV. während der Religionskriege (1562-1598) zwischen Katholiken und Protestanten (Hugenotten), der Französischen Reformation in der zweiten Hälfte des 16. Jahrhunderts. Er wurde in Villeneuve-de-Berg im südlichen Frankreich als Sohn einer calvinistischen Familie geboren und als Flüchtling in der Schweiz erzogen. Er wurde calvinistischer Pfarrer, Humanist und Diplomat. Er studierte klassische Literatur an der Académie de Genève (heute Universität Genf) bis 1566 und übersetzte das Werk Platos 1578. Bereits 1569 (bis 1571) schrieb er *Kommentare über den Stand der Religion und der Republik im Königreich Frankreich* (in lateinischer Sprache).

1596 wurde er „Historiker Frankreichs". Seine *Geschichte Frankreichs* wurde posthum veröffentlicht und war ein großer Erfolg.

Charles Dardier (1820-1893; Pfarrer in Nimes und protestantischer Historiker) kommentierte de Serres' Werk wie folgt (übersetzt – nach Wikipedia/Übersetzung):

*„Der Erfolg des* Inventaire *war immens, und er war verdient... Zum ersten Mal wurden die Fakten in chronologischer Reihenfolge, klar und methodisch* [dargestellt]..."

De Serres gilt als Verteidiger der religiösen Toleranz und als ein Anwalt der Vereinigung von Katholiken und Calvinisten, wofür er auch angegriffen wurde.

Zu seinem Werk – hier in einer Ausgabe aus dem Jahre 1614 vorliegend – ist zu lesen, dass es häufig mit Zusätzen nachgedruckt und auch ins Englische übersetzt wurde (London, Eld and Flecher 1624).

Hermann Kleber schrieb in seinem Buch „Die französischen Mémoires – Geschichte einer literarischen Gattung von den Anfängen bis zum Zeitalter Ludwigs XIV." (Studienreihe Romania:14, Berlin 1999) u.a.:

„Mit den fünf Teilen seiner lateinischen Kommentarien hat Jean de Serres eine Geschichte der Reformation in Frankreich von 1557 bis 1576 vorgelegt, die sich zugleich als Fortsetzung der bereits renommierten Reformationsgeschichte Sleidans [Johannes Sleidanus, Johannes Philippson von Schleiden, 1506-1556, Jurist, Historiker des Schmalkaldischen Krieges] verstand. Sie fand daher nicht nur eine gute Aufnahme bei seinen protestantischen Landsleuten, sondern auch ein europaweites Interesse, zumindest bei seinen protestantischen Glaubensgenossen, wie die zahlreichen Auflagen, Nachdrucke und Übersetzungen beweisen."

Im Münchener DigitalisierungsZentrum „Digitale Bibliothek" sind weitere Werke de Serres zu finden.

Schwieriger war es über die weiteren Namen auf dem Frontispiz Näheres zu erfahren.
Matthieu Guillemot hatte seine offensichtlich bedeutende Offizin im 16. Jahrhundert in Paris – gemeinsam mit dem ebenfalls bekannten Verleger Petri Mettayer.
Léonard Gaultier (1561 bis um 1635) war ein bekannter Kupferstecher zur Zeit von König Heinrich IV. – von ihm befinden sich einige Werke in der Porträtsammlung der Herzog August Bibliothek Wolfenbüttel.

# Nr. 2 – 1625

Angaben im Zettelkatalog:

> 31
> Baud/Ep
>
> <u>Baudius</u>, Dominicus
> [Sammlung] Dominici Baudii epistolarum : centuriae tres . – recem. Ed.
> Lipsiae : Rehefeld, 1625. – 732 S. – 732, 212 S.
> EST: Epistolae…[Sammlung]
> Enth. Außerdem: Orationes… - 5. , ed.
> N=EST; beigef. Werk
>
> 20.562

Titelseite      Titel 2.Teil

Dominicus BAUDIUS (1561-1613) war ein niederländisch-französischer Jurist, Dichter, Gelehrter und Historiker. Nach dem Studium in Genf, Gent und Leiden war er ab 1587 zunächst Advokat in Den Haag. Bekannt ist, dass er zwischen 1591 und 1601 in Frankreich lebte. 1601 erhielt er die Professur für Eloquenz, 1607 die Professur für Geschichte und römisches Recht an der Universität Leiden.

Die Universität Leiden stellte eine Liste seiner Werke auf, die sich in Gedichte – Briefe – Reden – historische Werke – Varia gliedert.

Eine ausführliche Biographie ist von Karl Felix Hahn in der Allgemeinen Deutschen Biographie (ADB), 2 (1875), 137-138 veröffentlicht.

Darin ist über sein Leben u.a. zu lesen, dass er seine erste Bildung in Aachen erhielt, wohin seine protestantischen Eltern vor Herzog Alba geflohen seien. Nachdem er 1581 den Doktorgrad (in Jurisprudenz) an der Universität Leiden erworben hatte, „begleitete er die holländische Gesandtschaft an den Hof in England, (…), später ging er, inzwischen unter die holländischen Advocaten aufgenommen (1587), nach Frankreich, wo er sich sowol durch seine vielseitige Gelehrsamkeit als auch seinen lebenslustigen und heitern Charakter viele Freunde und Gönner erwarb, aber seinen Lieblingswunsch, Gesandter der Generalstaaten am französischen Hofe zu werden, nicht durchsetzen konnte."
Weiter ist zu lesen: „… seine Bemühungen, die Stelle eines Historiographen der Generalstaaten zu erhalten, scheiterten um so mehr, als sich das Curatorium der Universität bemüssigt fand, ihn wegen seines anstößigen Lebenswandels auf längere Zeit von seiner Professur zu entfernen. Durch ein ernstes geschichtliches Werk hoffte er den Makel seines Rufes wieder abzuschaffen (…); aber kaum waren die im fließenden und elegantem Latein geschriebenen ‚Libri III de induciis belli Belgici' (Leyden 1613) im Druck vollendet, als er durch ein hitziges Fieber hinweggerafft wurde…"

## Nr. 3 - 1627

Angaben im Zettelkatalog

| | 81<br>Pid/Chr |
|---|---|
| Piderit, Johann:<br>Chronicon Comitatus Lippiae:<br>Das ist; eigentli. und ausführl. Beschreibungen aller Antiquitäten und Historien d. uhralten Graffschafft Lipp… / durch Johannem Pideritium…<br>Rinteln: (Lucius), 1627. – 667 S. | |

**TITEL**
CHRONICO Comitatus Lippiae,
Das ist: Eigentliche und Außführliche Beschreibunge / Aller Antiquiteten und Historien der Uhralten Graffschafft Lipp / Darinnen vermeldet wird:
Von Ascenis GeschlechtsAnkunfft / Monarchey / Religion / Moribus und Ritterlichen Thaten:
Von den Römischen Kriegen gegen diese Länder: Auffbawung der Vest Alison am Lippesprung: Niederlag Quintilii Vari am Hornschen Walt: Wittekindi und Caroli Magni Kriegen /
Von der Genealogy und StamLinien / auch Ritterlichen Thaten der Uhralten Graffen und Edlen Herrn zur Lippe.
Zuvor niemals publicirt
Jetzo aber auß bewehrten Scribenten und Monumenten mir fleiß zusammen colligirt und beschrieben
Durch
JOHANNEM PIDERITIUM;
Pastorn der Stadt Blumberg.
Rinteln an der Weeser /
Druckts Peter Lucius / dero Universitet Buchdrucker.
M.DC.XXVII

Erläuterungen zum Text im Titel:

**Vest Alison**

Friedrich Gottschalk schrieb in seinem Werk „Ritterburgen und Bergschlösser Deutschlands" (1. Band, 2. Aufl., Halle 1815) darüber Folgendes:

„8. Falkenberg. Die Ruinen dieses Schlosses findet man über dem Dorfe Barlebeck, zwei Stunden von Detmold, in dem Fürstenthum Lippe. Zur Zeit des Faustrechts war es eine der Hauptvesten der Lippeschen Regenten und ein sicherer Zufluchtsort für sie, da es in einem wenig zugänglichen Waldwinkel lag. Ein Chronikschreiber dieses Landes, Piderit, behauptet, es sey erbaut, um die römische

Veste Allison, welche eine Viertelstunde unter Neuhaus an der Lippe und Aller gelegen haben soll, die Spitze zu bieten. Er kann diese Meinung aber mit keinen Beweisgründen unterstützen…"
Auch dieser Text muss noch erläutert werden: Tacitus nannte ein *castellum Alisonem*, eine von Drusus im Jahre 11 v. Chr. angelegte Veste – wobei *Alison* wohl als „zu den Flüssen" zu verstehen ist, hier von Lippe und Ahle (nicht zu verwechseln mit Aller!).

### *Hornscher Walt*
Damit ist offensichtlich der Teutoburger Wald an einem historischen Passweg über den Teutoburger Wald gemeint.
Zum *Universitätsbuchdrucker* Peter LUCIUS sind im Katalog der Deutschen Nationalbibliothek, der zahlreiche von ihm gedruckte Werke auflistet, folgende Daten zu erfahren:
Lebensdaten: 1590-1656; Wirkungsorte als Drucke: Gießen 1618-1621; Rinteln 1622-1656. Als Geburtsort wird Altenstädten in der Wetterau angegeben. Er war mit der Tochter des Gießener Bürgermeisters Bornau, mit Agnes Bornau (gest. 1656) ab 1630 verheiratet.

Der Autor **Johannes PIDERIT** wurde 1559 in Blomberg geboren (gest. nach 1639). Als Sohn eines Pfarrers hatte er als dessen Nachfolger dessen Stelle in Blomberg von 1584 bis 1628 inne. Als überzeugter Lutheraner befand er sich in Opposition zur landesherrlichen Konversion des Grafen Simon VI. von Lippe (1554-1613) zum calvinistischen Bekenntnis. Graf Simon gilt jedoch als ein kluger, den neuen Wissenschaften gegenüber aufgeschlossener Renaissance-Fürst, die u.a. mit dem Astronomen Tycho Brahe korrespondierte. Er residierte auf Schloss Brake, die ursprüngliche Burganlage ließ er 1584 bis 1589 zum Schloss im Stil der Weserrenaissance ausbauen. Hervorzuheben ist auch seine umfangreiche Bibliothek mit theologischen und historischen Werken, die später den Grundstock der heutigen Lippeschen Landesbibliothek Detmold bildete.

Frontispiz zum Werk von PIDERIT

Nr. 4 – 1632

Angaben im Zettelkatalog

```
                                                    17
                                                  Ver/Or
Vernulaeus, Nicolai:
[Sammlung] Nicolai Vernulaei [Orationes] … Colonia : Gevater, 1632
– 1635. – 309, 489 S.
Text in lat. Sprache
Enth. Außerdem: [Sammlung]
Elogia oratoria …
(…)
                                                  20.757
```

Katharina Graupe führte in ihrem Buch „Oratio historica – Reden über Geschichte" (Berlin 2012) mehrere Werke des im Herzogtum Luxemburg geborenen Autors auf. Auch wurden zahlreiche Werke von ihm u.a. vom Münchner Digitalisierungszentrum bzw. der Staatsbibliothek in Berlin digitalisiert.

Nicolaus VERNULAEUS (1583-1649) war Professor an der Universität Leuven (Löwen). Er wurde in Robelmont geboren, studierte an der Universität in Köln, wo er 1601 den Magistertitel erwarb. 1610 erhielt er die Professur für Beredsamkeit an der Universität Leuven. 1619 wurde er der erste Leiter des neu eröffneten Luxemburg Colleges an der Universität, 1646 Ratsherr der Stadt und Reichshistoriograph Ferdinand III. (1608-1657; ab 1637 röm.-deutscher Kaiser). Er wird auch als wichtiger neulateinischer Dramatiker bezeichnet.

# NICOLAI VERNVLAEI
## HISTORIOGRAPHI REGII ET PVBLICI
### Eloquentiæ Professoris,

## ORATIONVM
### SACRARVM VOLVMEN SINGVLARE.
### IN FESTA DEIPARÆ VIRGINIS, ET ALIQVORVM Diuorum.

COLONIAE,
Sumptibus BERNARDI GVALTERI
Anno M.DC.XXXII.
*Cum Consensu Authoris & Priuilegio.*

## Nr. 5 - 1660
Angaben im Zettelkatalog

| |
|---|
| 574 Hero/Hi |
| Herodianus: |
| Herodiani Historische Beschreibung von Marco Elio, Antonio Philosopho ... biß auf Gordianum ... [aus d. lat. von Hieronymus Boner]. Hamburg : Dosen, 1660. – Buch 1-8 |
| Keine Seitenang. |
| 20.1961 |

HERODIAN (lebte um 178 bis um 250 n. Chr.) war ein griechischsprachiger römischer Geschichtsschreiber. Er stammte vermutlich aus Kleinasien oder Syrien. Man nimmt an, dass es sich um einen Freigelassenen handelt, der in der niederen römischen Verwaltung tätig war. Sein Geschichtswerk, das bis in das 17. Jahrhundert mehrmals übersetzt wurde, bestand aus acht Büchern und behandelt die Zeit von 180 bis 238 n. Chr.

Es handelt sich um die Geschichte des Kaisertums nach Marc Aurel. Von Historikern heute wird es oft kritisch bewertet und mehr als ein Roman als ein Geschichtswerk bezeichnet. Er sei nicht immer zuverlässig gewesen, habe keinen Zugriff auf Akten gehabt, seine Quellen nicht immer geprüft und manche Details erfunden. Auch habe er den Kaiser Marc Aurel als Idealkaiser stilisiert. Andererseits wird das Werk als facettenreich und literarisch nicht ohne Reiz charakterisiert. Für die Zeit nach 229 jedoch gilt Herodians Werk als eine wichtige Quelle.

Es beginnt mit der Zeit von Kaiser Mark Aurel (121-180; röm. Kaiser seit 161 n. Chr.) und endet mit dem Tod Kaiser Gordians III. (244 n. Chr.). Aufgrund dieses Zeitpunktes wird angenommen, dass das Werk auch im Zusammenhang mit der 1000-Jahr-Feier Roms im Jahre 248 n. Chr. entstanden sei.

Welche Bedeutung dieses historische Werk erhalten hat, zeigen die zahlreichen Ausgaben und Übersetzungen seit Beginn des 16. Jahrhunderts bis in unsere Zeit.
Als maßgebliche kritische Edition wird die Ausgabe von Carlo M. Lucanni aus dem Jahr 2005 (*Herodianus: Regnum post Marcum*, Saur, München/Leipzig) bezeichnet. Eine Übersetzung ins Deutsche erschien 1996 (Stuttgart) von Friedhelm L. Müller (1939-2014, Klassischer Philologe) unter dem Titel *Herodian. Geschichte des Kaisertums nach Marc Aurel*.

Die Übersetzung von Adolf Stahr (1805-1876; Schriftsteller und Historiker, Professor am Gymnasium in Oldenburg) *Herodian's Geschichte des römischen Kaisertums seit Marc Aurel* erschien 1858 und wurde digitalisiert. Daraus stammen die folgenden (ausgewählten) Angaben zum Inhalt:

**Erstes Buch**. Die Regierung und das Ende des *Commodus.* (Kap. 1. Der Verfasser erklärt sich über Grundsätze und Plan seines Geschichtswerks. Kap. 2-4. Die letzten Tage des Kaiser(s) *Marc Aurel*. Kap. 5-7. Regierungsantritt des *Commodus*. Seine Entfernung von den Räthen seines Vaters. ...)
**Zweites Buch**. *Pertinax, Julianus, Severus.*
**Drittes Buch**. Regierung des *Sept. Severus.*
**Viertes Buch**. *Caracalla* und *Macrinus*.
**Fünftes Buch**. *Macrinus* und *Elagabalus*.
**Sechstes Buch**. Regierung des *Alexander Severus*.
**Siebentes Buch**. *Maximinus* und seine Gegenkaiser.
**Achtes Buch**. *Maximin's* Untergang und seiner Gegenkaiser Ende. –

In dem von S. F. Hoffmann herausgegebenen „Bibliographischen Lexicon der gesammten Litteratur (der) Griechen" (Zweiter Theil. E-N, Leipzig 1839) sind als deutsche Übersetzung des Werkes von Herodian ab 1531 bis 1830 zehn Ausgaben aufgeführt – auch die hier vorgestellte Ausgabe von 1660 mit der Angabe **„1660, 8. – Hamburg. –– Boner's Uebersetzung".**

Hieronymus BONER (gest. 1552) war Stadtschultheis zu Colmar im Elsaß und gilt als einer der aktivsten Übersetzer lateinischer und griechischer Autoren seiner Zeit. Seine Übersetzung von Herodians Werk erschien erstmals 1532.

**Nr. 6 – 1699**

Angaben im Zettelkatalog

|  |
|---|
| 92 Lang/Ep<br>Languetus, Hubertus:        (1518-1581)<br>[Sammlung] Huberti Langueti Epistolae secretae ad principem suum Augustum Sax. ducem ... Io. Petr. Ludovicus. Halae Hermanduror : Zeitler : Musselis, 1699. – 1085 S. in getr. Zählung<br>NE = T; Ludewig, Johann Peter von (1668-1743) [Hrsg.]<br>20.926 |

ARCANA SECVLI DECIMI SEXTI
## HVBERTI LANGVETI
LEGATI, DVM VIVERET, ET CONSILIARII SAXONICI
# EPISTOLAE
## SECRETAE
AD PRINCIPEM SVVM
## AVGVSTVM
SAX. DVCEM & S. R. I. SEPTEMVIRVM.
EX APXEIΩI SAXONICO DESCRIPTAS
PRIMVS E MVSEO EDIT
### IO. PETR. LVDOVICVS
IN FRIDERICIAN. PROF. P. ORD.

Plin. lib. V. Epistol. 8.
Pulchrum imprimis videtur, non pati occidere, quibus aeternitas debetur.

HALAE HERMVNDVROR. An. cIɔIɔXCCIX.
IMPENSIS { IOH. FRIDERICI ZEITLERI.
              HENR. GEORGII MVSSELII.

**TITEL**
Arcana Seculi Decimi Sexti.
HUBERTI LANGUETI
Legati, dum viveret, et Consiliarii Saxonici
EPISTOLAE SECRETAE ad Principem suum
AUGUSTUM Sax: Ducem & S. R. I. Septemvirum.
Ex Apxeiri Saxonico Descriptas Primus E Museo Edit
IO. PETR. LUDOVICUS
In Friederician. Prof. P. Ord.
Plin. lib. V. Epistol. 8
*Puchrum imprimis videtur, non pati occidere, quibus aeternitas debetur.*
Halae Hermunduror. An cI Ic XCCIX.
Impensis Joh. Friderici Zeitleri. Henr. Georgii Museelii.

Erläuterungen zum Titel:
Hubert LANGUET (Vitteaux bei Dijon 1518-1581 Antwerpen) war ein französischer Diplomat, Jurist und reformierter Theologe. Er studierte Jura an der Universität zu Poitiers, jedoch auch Theologie, Geschichte, Natur- und Politikwissenschaften – auch an den Universitäten Padua und Bologna. 1549 ging er nach Wittenberg, wurde dort von Melanchthon gastlich aufgenommen, den er auf Reisen begleitete. 1559 trat er als Diplomat in den Dienst des Kurfürsten von Sachsen. Er blieb in dessen Dienst bis 1577, war im Auftrag des Kurfürsten an den Höfen von Paris, Wien, Prag, Köln und in den Niederlanden. 1573 bis 1576 lebte er am Hofe des Kaisers Maximilian II., 1577 ging er nach Köln.

Die Korrespondenz mit dem Kurfürsten von Sachsen wurde von Johannes Petrus Ludovicus (Johann Peter Ludewig 1668-1743), Kanzler der Universität Halle, veröffentlicht. Er galt in seiner Zeit als der beste Kenner der Rechtsgeschichte.

Bildnis von Hubert LANGUET

# Nr. 7 - 1720

Angaben im Zettelkatalog:

---
92
Lage/Ac

Lage, Georg Wilhelm von der:
Die vollständigen Acta der thueringischen Suendfluth des Jahres 1613 ... / von Georg Wilhelmen von der Lage.
Weimar: [s.n.], 1720. – 512 S. + Reg.

20.705

---

## TITEL
*Georg Wilhelm von der Lage*:
Die vollständigen ACTA der Thüringischen Sünd-Fluth des Jahres 1613.
So wohl durch Zusammen-Tragung derer alten und wahren einzelnen, zeithero nicht mehr zu bekommen gewesenen, theils gar verlohren geachteten, Historischen Schriften,
Als auch durch neue darzu gekommenen Supplementa oder Zusätze / zu Erlangung einer so viel möglich ergäntzten Historie, in gegenwärtige Schrifft verfasset
von Georg Wilhelmen von der Lage / Dienern am Göttlichen Wort, und Predigern bey der Gemeinde zu Sanct Petri und Pauli in Weimar.
Weimar, gedruckt mit Mumbachischen Schrifften, Anno 1720.
Leipzig zu finden in der Lanckischen Buch-Handlung, und zu Weimar beym Auctore.

**Erläuterungen**

Johann Leonhard *Mumbach* (1707-1759) war hochfürstl. Sächs. privil. Hof-Buchdrucker in Weimar.

Gründer der *Lanckischen Buch-Handlung* in Leipzig war ein Friedrich Lanckisch (wirkte um 1617). In den aus seiner Druckerei stammenden

Werken ist bereits 1632 die Angabe Lanckische Erben zu finden. Über seinen Sohn gleichen Namens (1618-1669) ist Folgendes bekannt: Er studierte in Wittenberg, Jena, Erfurt, Helmstedt und Leipzig, erwarb den Grad des Magisters der Philosophie und führte Druckerei und Verlag seines Vaters fort. Als Sprachwissenschaftler veröffentlichte er auch eigene Werke. Aus seinem Verlag stammen bedeutende Werke, die in den Bibliotheken unserer Zeit als *Lanckische Drucke* geführt werden.

Der Autor *Georg Wilhelm von der Lage* (gest. 1745) wird als Diakon der Stadtkirche von Weimar ("Herder-Kirche" der St. Petrus und Paulus Gemeinde) bezeichnet. Er starb 1745 in Nemsdorf bei Querfurt.

Auf das schwere Unwetter vom 28. Mai 1713 wurde auch auf der Webseite *Jenapolis* (28.5.2013) mit Bezug auf dieses Buch eingegangen. In dem Bericht ist zu lesen, dass noch Jahrzehnte nach dem Ereignis Gedächtnispredigten gehalten und Flugschriften sowie Erinnerungsblätter in großer Anzahl kursiert hätten. Insgesamt 500 Menschen kamen ums Leben. Der Klimatologe Gustav Heilmann (1854-1939), Direktor des Preußischen Meteorologischen Instituts in Berlin, hatte ermittelt, dass das Plateau zwischen Jena, Blankenhain und Weimar am stärksten betroffen war, wo ab 18 Uhr ein wolkenbruchartiger Regen auftrat, die die Ilm auf unvorstellbare 7,3 bis 8 m Höhe ansteigen ließ. In dem als *Thüringer Sündflut* bezeichneten Unwetter kamen in Weimar und Umgebung 92 Menschen ums Leben.

Kopie vom Frontispiz (Sign. 92 Lage/Ac)

**Nr. 8 – 1743**
Angaben im Zettelkatalog

> 92
> Fried
>
> Kriegs- und Heldengeschichte des … Königs Friedrich II. … . nebst denen dahin einschlagenden Staats-Begebenheiten, aus denen oeffentlichen Documenten, und gruendlichsten Nachrichten bis zum Schluß des 1742 Jahres …
> Erfurt : Jungnicol, 1743. – 464 S.
> (…)
>
> 20.1572

Dem Hochgebohrnen Reichs Grafen und Herrn,
HERRN
Carl Friedrich Gustav
Grafen von Gotter,
Herrn auf und zu Molßdorff,
Sr. Königl. Maj. in Preußen hochbestallten Ober-Hoff-Marschall auch würcklichen höchstbetrauten Geheimbden Cabinets und Staats-Rathe, Rittern des schwarzen Adlers und Alexander Newsky Ordens ꝛc.

Seinem gnädigen Grafen und hochgebiethenden Herrn,

Übergiebet dieses gegenwärtige, mit aller unterthänigen Devotion

Der Autor.

Widmung im Frontispiz

Verlag Johann David JUNGNICOL wirkte 1737 bis 1758 als Verleger in Erfurt. Er hatte die Druckerei seines Bruders Karl Friedrich Jungnicol gekauft.
Das Werk wurde von der Herzog August Bibliothek Wolfenbüttel digitalisiert

Karl (Friedrich) Gustav von GOTTER (Gotha 1692-1762 Berlin) war Diplomat, Kunstsammler und Freimaurer. Sein Vater Johann Michael von Gotter (1654-1729) war Kammerdirektor im Dienste des Herzogtums Sachsen-Gotha-Altenburg. Ab 1709 studierte der Sohn Rechtswissenschaften in Jena, später in Halle, wo er den späteren hannoverschen Minister Gerlach Adolph Freiherr von Münchhausen kennenlernte. 1715 zog er mit seinem Vater nach Wien, und war dort als Diplomat im Dienst von Herzog Friedrich II. von Sachsen-Gotha-Altenburg (1676-1732) tätig. 1724 wurde er von Kaiser Karl IV. in den Freihherrenstand erhoben und 1728 folgte er einem Ruf Friedrich Wilhelm I. nach Berlin, wo er zum Geheimen Staatsrat ernannt wurde. 1732 bat er den Herzog Friedrich III. (1699-1772, ab 1732 Herzog) um seine Entlassung aus gothaischen Diensten und wirkte als preußischer Minister in Wien.
1734 erwarb er das Rittergut Molsdorf (in einem Ortsteil von Erfurt) und das benachbarte Rittergut zu Dietendorf. Das Rittergut in Molsdorf ließ er zu einem Barockschloss umbauen.
1740 wurde er vom neuen König Friedrich II. (später der Große genannt) als Oberhofmarschall und geheimer Staats- und Kriegsrat wieder nach Berlin berufen. Er erhielt zahlreiche Ämter, gewann ein besonderes Vertrauensverhältnis zu Friedrich dem Großen, für den er zwischen den Schlesischen Kriegen Verhandlungen mit der Kaiserin Maria Theresia führte.
(ausführlich zu seiner Biographie: Ulrich Heß, Gotter, Adolf Graf von, in Neue Deutsche Biographie (NDB), Band 6, S. 659f, Berlin 1964)

## Nr. 9 - 1746
Angaben im Zettelkatalog

| |
|---|
| 92 Ayr/Sy |
| Sylloge anecdotorum … historias et res germanicas … / [hrsg. von] Christoph Frid[rich] Ayrmann. |
| Francofurti ad M. : Andreas et Hort, 1746. |
| 672 S. + Index. – Tomus 1. |
| 20.567. |

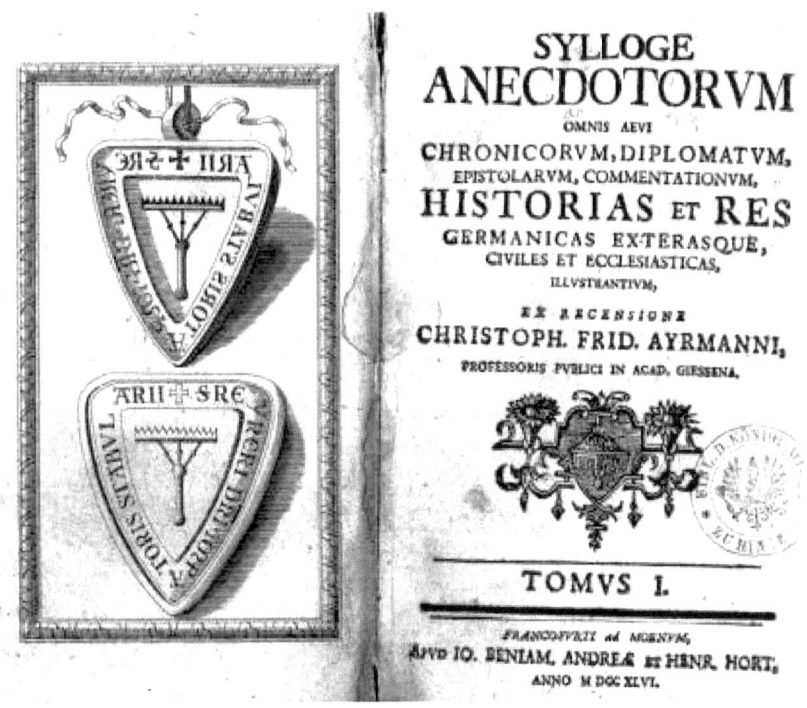

**TITEL**
SYLLOGE AECDOTORUM
Omnis aevi Chronicorum, Diplomatum, Epistolarum,
Commentationum
HISTORIA et RES
Germanica Extrasque, Civiles et Eccleasiaticas,
Illustrantium,
Ex Recensione
CHRISTOPH. FRID. AYRMANNI,
Professoris Publicis in Acad. Giessena.
Tomus I.
Francofurti ad Moenum,
Apud Iq. Beniam. Abdreae et Henr. Hort.
Anno. M DCC XLVI.


Christoph Friedrich AYRMANN (1695-1747), hessischer Historiker, studierte ab 1710 Theologie in Wittenberg, wurde 1712 Magister, wandte sich dann den Rechtswissenschaften zu und wurde 1717 Adjunkt der Wittenberger philosophischen Fakultät. 1720 erhielt er die o. Professur für Philosophie und Geschichte in Gießen. 1735 wurde er dort auch Universitätsbibliothekar. Aus seinen geschichtlichen Forschungen entstanden zahlreiche kleine Schriften und Abhandlungen zur allgemeinen und insbesondere auch zur hessischen Geschichte.
(Allgemeine Deutsche Biographie 1 (1875), 711)

## Nr. 10 – 1749

Angaben im Zettelkatalog

---
91
Oett/s

Oetter, Samuel Wilhelm:
[Sammlung] Samuel Wilhelm Oetters Sammlung verschiedener Nachrichten aus allen Theilen d. historischen Wissenschaften ... nebst e. Vorrede von ... Hrn. Andr. Elias Roszmanns.
Erlang u. Leipzig : Poetsch, 1794 [richtig 1749!]. – 658 S.
(...)

20.674

---

Samuel Wilhelm OETTER (Goldkronach 1720-1792 Markt Erlbach) war ein evangelischer Theologe, Heraldiker, Numismatiker und vor allem Historiker. Er gehörte 1743 zu den ersten Studenten der Universität Erlangen (gegründet 1742/43) und wurde 1745 Konrektor am Gymnasium in Goldkronach. Nach Pfarrstellen u.a. in Linden kam er 1762 als Pfarrer nach Markt Erlbach in Mittelfranken und wurde dort Historiograph des fürstlichen Hauses Ansbach, später auch zum Konsistorialrat ernannt.

Der Jurist Andreas Jeremias *Roßmann* war der erste Dekan der juristischen Fakultät. Er hielt am 4. November 1743 die Eröffnungsrede der vom brandenburgisch-bayreuthischen Markgrafen Friedrich gegründeten Universität.

**Samuel Wilhelm Oetters,**
Conr. des Gymn. illust. zu Erlangen,

# Sammlung
verschiedener
## Nachrichten
aus allen Theilen der Historischen Wissenschafften
### Erster Band,

nebst einem vollständigen Register und einer Vorrede
von dem wahren Ursprung der Landes-Hoheit
**Hrn. Andr. Elias Roßmanns,** Ser.
Sr. Hochfürstl. Durchl. des Herrn Margarafens zu Brandenburg Bayreuth Hofrath, öffentlichen Lehrers derer Rechte
und Geschichte auf der Hochfürstlichen Friederichs
Universität zu Erlangen.

Erlang und Leipzig,
Zu finden bey Gotthard Poetsch, 1749.

**Nr. 11 - 1753**
Angaben im Zettelkatalog

>                                              811
>                                              Doll/V
>
> Dolle, Carl Anton:
> [Sammlung] Carl Anton Dollens Vermischte Beytraege zur Geschichte der Graffschaft Schaumburg.
> Rinteln; Stadthagen: Strieder : Althans, 1753 – 1754. – Stueck 1 – 2 [zsggeb.]
> Enth. Außerdem: Ausführl. Lebens-Beschreibung aller Professoren Theologiae … der Universität zu Rinteln / Carl Anton Dolle.
> (…)
>                                              20.1921

Das vorgestellte Werk erschien insgesamt in zwei Teilen – nach dem ersten Teil von 1753 gemeinsam von Nicolaus Strieder in Rinteln und Johann Friedrich Althans in Stadthagen 1754 als „zweytes und letztes Stück" verlegt.
Johann Friedrich *Althaus* war *Hoch-Gräfl. Schaumb. Lipp. priv. Hof-Buchdrucker.*

Nicolaus *Strieder* war Universitätsbuchhändler und Buchdrucker in Rinteln, Vater von Friedrich Wilhelm *Strieder* (Rinteln 1739-1815 Kassel), dem Herausgeber des umfangreichen Werkes „Grundlage zu einer Hessischen Gelehrten- und Schriftsteller-Geschichte", Band 1-15, Kassel 1781-1806, das ebenfalls in den Altbeständen der Bücherei im Gymnasium Ernestinum vorhanden ist. F. W. Strieder war ab 1765 zunächst Registrator an der Bibliothek in Kassel und wurde von Landgraf Wilhelm IX. 1788 zum Hofrat und Hofbibliothekar ernannt.

Über Karl Anton *Dolle* (Rodenberg 1717-1758 Stadthagen) ist in Strieders Werk u.a. zu lesen: Dolle begann 1734 ein Studium der Theologie in Rinteln, ging 1737 an die Universität Jena, wo er es abschloss. 1740 war er Hauslehrer in Hamburg, 1741 Konrektor in Peine und ab 1742 Feldprediger in einem hessischen Regiment. 1744 kam er als Prediger nach Apelern und 1749 wurde er *Schaumb. Lipp. Bückeb. Superintend. Konsistor. Rath und erster Prediger zu Stadthagen.* 1759/1751 promovierte er noch in Theologie und Philosophie in Rinteln.1752 erschien das mit dem Titel abgebildete Werk, das jedoch in Rinteln nicht vorhanden ist:

Im zweiten Teil des Bandes werden die Biographien und Werke der Theologie-Professoren angegeben – u.a. der bedeutende JOSUA STEGMANN an erster Stelle.

Josua STEGMANN wurde am 16. September 1588 in Sülzfeld in einer theologisch geprägten Familie bei Meiningen geboren – er starb am 3 August 1632 in Rinteln. Sein Vater Ambrosius Stegmann wurde 1593 Superintendent in Eckartsberga. Stegmann studierte in Leipzig, wurde dort 1616 Adjunkt (Assistent) an der Philosophischen Fakultät, promovierte 1617 in Wittenberg zum Dr. theol. und wurde noch im selben Jahr Superintendent der Grafschaft Schaumburg sowie Oberpfarrer und Lehrer am Gymnasium in Stadthagen. 1621 berief man ihn als Professor der Theologie an die neu gegründete Universität Rinteln, wo er am 17. Juli 1621 die Einweihungspredigt hielt. Als nach dem Restitutionsedikt des Kaisers Ferdinand II. vom 6. März 1629 unter dem Schutz der kaiserlicher Besatzung 1630 die Universität (ehemals Kloster) von Benediktinermönchen aus Corvey und auch aus englischen Klöstern vertriebenen Mönchen in Besitz genommen wurde, zwang man Stegmann zu einer öffentlichen Disputation, verhöhnte ihn und brachte ihn in Verwirrung. Er starb wenige Wochen später an einem hitzigen Fieber im Alter von nur 42 Jahren.

Er wurde durch die Dichtung von Kirchenliedern bekannt – u.a. durch *Ach bleib mit deiner Gnade bei uns, Herr Jesu Christ* (EG 347). Sein Grabmal befindet sich in der St.-Nikolai-Kirche in Rinteln.

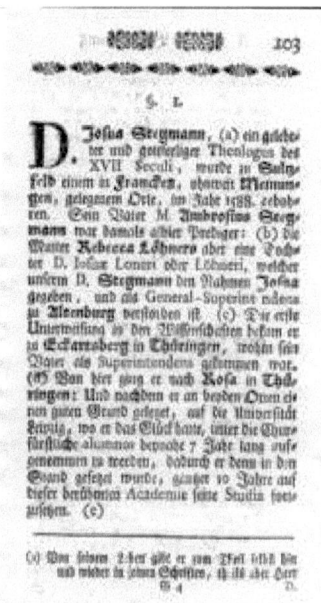

1. Seite der Biographie zu STEGMANN über seine Herkunft und Jugend im vorgestellten Werk von C. A. DOLLE

## Nr. 12 - 1784
Angaben im Zettelkatalog

> 863
> Paul/G
>
> Paulus, Johann Conrad:
> Geschichte des Moellenbecker Klosters von seiner ersten Stiftung bis auf gegenwaertige Zeit / entworfen von Johann Conrad Paulus.
> Rinteln : Boesendahl, 1784. – 254 S.
> NE: 1
> Vw: Rinteln [Verlage] s. auch Paulus, Johann Conrad: Geschichte des Möllenbecker Klosters...
>
> 20.1908

**Zum Verlag BÖSENDAHL**

Der Drucker Anton Henrich BÖSENDAHL (Lemgo 23.7.1742-30.10.1801 Rinteln) war Sohn eines Zeugmachers, absolvierte ab 1757 eine Lehre in der Meyerschen Buchdruckerei und Buchhandlung in Lemgo und kam nach Wanderjahren in die Universitätsstadt Rinteln, wo er 1772 in die Universitätsdruckerei einheiratete, deren Besitzer er 1786 wurde. 1787 gab er eine Handbibel heraus, die eine erste Auflage von 24 000 Exemplaren erzielte. Mit ihm begann die Geschichte des heutigen Verlages C. Bösendahl, in dem die *Schaumburger Zeitung* erstmals 1762 erschien.

**Zum Kloster Möllenbeck**

In der Beschreibung des Niedersächsischen Landesamtes für Denkmalpflege zum *Kloster Möllenbeck* heißt es: „In ihrer Gesamtanlage gehören die Klausurgebäude zu den umfangreichsten und am besten erhaltenen Klosteranlagen des späten Mittelalters in Deutschland."

Das Kloster wurde 896 von der Edelfrau Hildburg als Kanonissinnen-Stift gegründet. Die Urkunde vom 13. August 896, in der durch Kaiser Arnulf von Kärnten die Gründung bestätigt wird, ist das älteste bekannte Dokument des Schaumburger Landes im Staatsarchiv Bückeburg. Das heutige Kloster wurde zwischen 1478 und 1505 anstelle eines niedergebrannten Vorgängerbaues im spätgotischen Stil errichtet. 1558 erfolgte der Übergang zum Luthertum, 1640 wurde das Kloster aufgelöst und in eine hessische Staatsdomäne umgewandelt.

**Zum Autor Johann Conrad Paulus**

Der Autor Johann Cornrad PAULUS (1733-1800) veröffentlichte im Verlag C. Bösendahl 1786 auch die „Nachrichten von allen Hessen-Schaumburgischen Superintendenten, Kirchen und den dabey von der Zeit der Reformation bis jetzo gestandenen und noch stehenden Predigern".

In diesem Werk stellte sich Paulus selbst mit seiner Biographie ausführlich vor. In Kassel geboren besuchte er ab 1752 die Universität Rinteln. Als seine Lehrer nennt er Nikolaus *Funck* (1693-1777 – ab 1729 o. Prof. der Beredsamkeit, Historie und Politik) in römischer Eloquenz, Geographie und Geschichte, Joh. Gottlieb *Stegmann* (1725-1795, 1751/1752 Prof. Phil./Physik) und Friedrich Wilhelm *Pestel* (1724-1805, 1748-1763 Prof. Jur.) in Philosophie sowie Balthasar Ludwig *Eskuche* (1710-1755, ab 1734 o. Prof. der griechischen Sprache) und Gottfried *Schwarz* (1707-1786, ab 1749 1. Prof. Theologie) in Philologie, Kirchengeschichte und Theologie.
Nach dem Examen 1755 war er in mehreren hessischen Pfarreien tätig (u.a. im Amte Zierenberg) und 1767 wurde er Pfarrer in Möllenbeck.

## II. Literatur, Sprache, Philosphie, Jura

**Nr. 13 – 1614**
Angaben im Zettelkatalog:

|  | 572 Mai/Or |
|---|---|
| Maioragius, Marcus Antonius: [Sammlung] M. A. Maioragii Orationes et praefationes : una cum dialogo de eloquentis … - 2. Ed. Coloniae Aggrippiniae : Gymnicus, 1640 [richtig: 1614!]. – 759 S. | 20.1339 |

Zum Autor Marcus Antonius MAIORAGIUS waren nur wenige biografische Daten zu ermitteln: Er wird als italienischer Dichter bezeichnet, der von 1514 bis 1555 lebte. Im Portal der Deutschen Nationalbibliothek wird er auch als Professor der Rhetorik genannt.
In der Handschriftenabteilung der Staatsbibliothek zu Berlin befindet sich ein Porträt, das dem Stecher Johann Franck (Schaffenszeit 1659-1690) aus dem Jahr 1688 zugeschrieben wird – aus dem „Theatrum Virorum Eruditione Clarorum : In quo Vitae & Scriptae ... Repraesentantur .., Nürnberg 1688".

Im „Historischen und Critischen Wörterbuch...", Band 3, hrsg. von Johann Christoph Gottsched (Leipzig 1743) ist folgender Text zu lesen:

„**Majoragius** *(Marcus Antonius), Professor der Redekunst zu Mayland, im XVI. Jahrhunderte, erwarb sich großen Ruhm durch seine zierliche Schreibart, und durch seine Fähigkeit in den schönen Wissenschaften. Er studierte zu Como unter einem Professor, der sein naher Anverwandter war; worauf er nach Mayland ging, und daselbst einen Gönner fand, bey welchem er fünf Jahre wohnte, und mit solchem Fleiße studierte, daß er bald das Leben darüber eingebüßt hätte. Er setzte sich in den Kopf, die alte Gewohnheit der Redeübungen wieder lebendig zu machen, welche die Jugend vor Alters so bald vermögend gemacht, wohlgesetzte Reden zu halten; nachdem er dießfalls eine Menge von Schülern sehr nützliche Unterweisungen gegeben, und sie zu dieser Uebung in einer Kammer abgerichtet hatte, so beschloß er, sich öffentlich auf diese Verrichtung zu legen. Die Vorsteher der Collegii waren ihm so geneigt, daß sie ihm diese Verrichtung auftrugen, sobald sie seine Absichten erfahren hatten. Er war damals nur sechs und zwanzig Jahre alt. Er verwaltete dieses Amt vollkommen wohl. Allein nach Verlauf von zweyen Jahren dankte man alle Professoren ab, weil man im Mayländischen mit einem gefährlichen Kriege bedroht ward. Er ging nach Ferrara, wo er unter dem Andreas Alciat die Rechtsgelehrsamkeit, und unter dem*

*Vincenz Magius die Weltweisheit studierte. Er gab einige Stücke heraus, auf welchen er den Namen* Marcus Antonius Maioragius *annahm. Nach gestillten Kriegsunruhen gieng er nach Mayland zurück, und wurde mit ansehnlicher Besoldung wieder in sein Lehramt eingesetzt. Seine Feinde, welche dieses zu verhindern, vergeblich bemühet hatten, giengen gewaltig auf ihn los, und stellten wegen des Namens, den er auf dem Titel seines Werkes angenommen hatte, einen Prozeß wider ihn an. Er vertheidgte seine Sache öffentlich, und gewann sie. Er fuhr fort, mit einer großen Aemsigkeit zu lehren, welches ihm zweifels ohne das Leben verkürzte; denn er hat ungefähr nur vierzig Jahre und sechs Monate gelebet. Er ist am 4. April 1555 gestorben…."* [Auf die ausführlichen Fußnoten zu diesem historischen Text wurde verzichtet!]

Auf der Titelseite des Buches (s.o.) ist handschriftlich der Name *HENRICUS HECKER* zu lesen – offensichtlich als Herausgeber. Weitere Einzelheiten konnten nicht ermittelt werden. Sein Name wird jedoch unter den lutherischen Theologen von Arnswalde (Westpommern, heute polnische Woidwodschaft) in der *„Concordia. Christliche widerholete / einmütige Bekenntnus nachbenanter Churfürsten / Fürsten und Stende Augspurgischer Confeßion, und derselben zu ende des Buches underschriebener Theologen Lere und Glaubens…(…) Anno 1580 in druck verfertigt"* (Ausgabe Dresden 1593) aufgeführt.

Der Name GYMNICUS steht für die deutsche Drucker- und Verlegerfamilie *Johann Gmynich* in Frankfurt am Main und Köln. 1614 hatte *Johann Gmynich IV.* (*um 1570 in Köln, gest. ebenda 1634) ein Verlagsunternehmen in Köln. 1597 ließ er sich zunächst als Drucker in Frankfurt am Main nieder. Nach dem Tod seines Vaters gründete er im Haus „Zum Bären an der hohen Schmiede" seinen Verlag; das Verlagshaus wurde 1614 in „Zum Einhorn" umbenannt. Um diese Zeit wurde er auch Mitglied in der Goldschmiedezunft und Ratsherr.

**Nr. 14 – 1643**

Angaben im Zettelkatalog

|  |
|---|
| 33<br>Mosch/G<br>[Moscherosch, Johann Michael]: (1601-1669)<br>[Sammlung] Visiones de Don Queredo = Wunderliche und wahrhafftige Geschichte Philanders von Sittewalt … – verb. Aufl. Straßburg : 1643 – 1644. – (Muelben).<br>Theil 1 – 2 [zsgeb.]<br>     (Geschichte Philanders von Sittewalt)<br>NE: 2<br>T.1. – 1643. – 252 S. + Reg.<br>T.2 – 1644. – 424 S.<br>20.945 |

Johann Michael MOSCHERUS (Pseudonym Philander) (1601-1669) war ein deutscher Staatsmann, Satiriker und Pädagoge. Er wurde als Sohn eines Landwirts und Amtmanns im hanau-lichtenbergischen Willstätt geboren, besuchte des Gymnasium in Straßburg und studierte anschließend Rechtswissenschaften, Philosophie und Literatur an der Universität.

Er wirkte 1631 bis 1634 als Amtmann des lutherischen Zweiges der Grafen von Kriechingen (Lothringen – heute Créhange), danach im Auftrag des Herzogs von Croy-Arschot in dessen Anteil in der Herrschaft Finstingen (heute Fénétrange/Lothringen). Infolge der Wirren des Dreißigjährigen Krieges flüchtete er nach Straßburg, wo er von 1645 bis 1655 Polizeichef und Steuerbeamter war. Sein wechselvolles Leben setzte er 1656 als Rechtsberater des Grafen Friedrich Casimir von Hanau (1623-1685), in den Diensten des Kurfürsten von Mainz und schließlich ab 1664 am hessen-kasselischen Hof fort. Er starb 1669 auf dem Weg zu seinem in Frankfurt am Main lebenden Sohn Ernst Bogislav (1637-1702) an „hitzigem Fieber" in Worms.
Moscherosch erlebte die gesamte Zeit des Dreißigjährigen Krieges, die sich in ihrer Grausamkeit in seinen Werken widerspiegelt.

Moschersch veröffentlichte in lateinischer und deutscher Sprache Aufsätze, Gedichte und Erzählungen. 1645 wurde er von Fürst Ludwig I. von Anhalt-Köthen (1579-1650) in die *Fruchtbringende Gesellschaft* (die erste und auch größte deutsche Sprachakademie) aufgenommen.

Sein bekanntestes Werk war das vorgestellte Buch – eine Sammlung von vierzehn bis 1640 veröffentlichten satirischen Erzählungen, eine Bearbeitung des spanischen Buches von Francisco de Quevedo y Villegas (1580-1645; spanischer Schriftsteller des Barocks, als Meister des sogenannten Schelmenromans bezeichnet).

Hinter dem Namen *Sittewald* verbirgt sich offensichtlich der Geburtsort von Moscherosch *Willstaett* (durch Vertauschung der Buchstaben verschlüsselt).

Bis heute gibt es wiederholt neuere Ausgaben bzw. Teilausgaben (wie eine der Erzählungen mit dem Titel *Soldatenleben* 1996).

Clemens Brentano und Achim von Arnim verwendeten ein Lied von Moscheros (*Die löbliche Gesellschaft*) in ihrem Werk „Des Knaben Wunderhorn" (1805-1808).

Günter Grass ließ Moscherus in seiner Erzählung „Das Treffen in Teltge" (1979) in der Gruppe der barocken Dichter auftreten.

Claudia Bubenik veröffentlichte 2001 ihr Buch unter dem Titel „'Ich bin, was man will'. Werte und Normen in Johann Michael Moscheroschs ‚Gesichten Philanders von Sittewald'" und Walter Gretz schrieb einen „Reiseführer" (Basel 2004) „Unterwegs zu Moscherosch".

Einen Nachdruck der Originalausgabe gab 1974 der Olms-Verlag in Hildesheim heraus.

# Nr. 15 – 1664

Angaben im Zettelkatalog

|  |
|---|
| 573<br>Stat/W<br><br>Statius, Publius Papinius:<br>[Werke] / [Hrsg.] : Kaspar von Barth.<br>Cygneae : Göpner, 1664. – 2240 S. in getr. Zähöung. – Tomus 1 – 2 [zusgeb.]<br>20.2010 |

Frontispiz

Titelseite

Publius Papinius STATIUS (*um 40 in Neapel, † um 96 ebenda) war ein römischer Dichter griechischer Herkunft und lateinischer Sprache. Als sein bekanntestes Werk gilt *Thebais*, ein Epos über den Krieg der Sieben gegen Theben (letzter Teil der Ödipus-Trilogie des griechischen Dramatikers Aischylos aus dem Jahr 467 v. Chr.).
Seine Familie stammte aus der Magna Graecia (Regionen im antiken Süditalien); sein Vater lehrte als *grammaticus* (Lehrer an einer Schule, die er auch leitete) in Neapel.
Statius ging nach dem Tod seines Vaters nach Rom. Er wirkte als Dichter und Schriftsteller zur Zeit des Kaisers Domitian (51-96, röm.

Kaiser von 81 bis 96 n. Chr.) und vermittelte u.a. historisch wertvolle Einblicke auch in die literarische Szene dieser Zeit und über das Leben am Hofe. Über viele Jahrhunderte zählte er zu den beliebtesten Dichtern der lateinischen Antike – er tritt auch als Figur in Dante Allighieris *Commedia* (Göttliche Komödie) auf. Unter seinen Zeitgenossen wurde er jedoch nur von Juvenal (genaue Lebensdaten nicht bekannt, lebte im 1./2. Jh. n. Chr.) erwähnt.

Der Herausgeber dieser Statius-Ausgabe, Caspar von BARTH (Küstrin 1587-1658 Leipzig) war Philologe und ein Privatgelehrter der Barockzeit.

Er stammte aus einer alten Adelsfamilie. Sein Vater war brandenburgischer Geheimer Rat und Kanzler in Küstrin. Barth besuchte Schulen in Eisenach und Gotha und studierte ab 1607 in Wittenberg. Dort hörte er unter Friedrich Taubmann (1565-1613; Lehrstuhl für Poesie) lateinische Poesie. Er begab sich auf eine zehnjährige Studien- und Bildungsreise durch Europa, auf der er Kontakte zu den führenden Gelehrten seiner Zeit bekam. Danach ließ er sich in Halle (Saale) nieder, wo er Besitzungen in der Salzindustrie hatte und somit zum Patriziat der Halloren oder Salzherren zählte.

Später zog er auf sein Landgut in Sellerhausen bei Leipzig, wo infolge des Dreißigjährigen Krieges 1636 durch feindliche Truppen sein Gutshaus mit der wertvollen Bibliothek niedergebrannt wurde. Bis zu seinem Tod lebte er im Leipziger Paulinum (1543 als säkularisiertes Kloster der Universität übertragen – und zur Zeit (2016) im Wiederaufbau). Sein Werk umfasst philologische Editionen und Kommentare zu klassischen Texten – wie das vorgestellte Werk zu *Statius*.

Das *alte Paulinium* mit der Kirche um 1830

**Nr. 16 – 1670**

Angaben im Zettelkatalog

|  |
|---|
| 33<br>Zes/Di<br><br>Zesen, Philipp von:<br>Filips von Zesen Dichterisches Rosen- und Lilienthal … – 1. Aufl. Hamburg : Rebenlein, 1670. – 433 S.<br>20.10.84 |

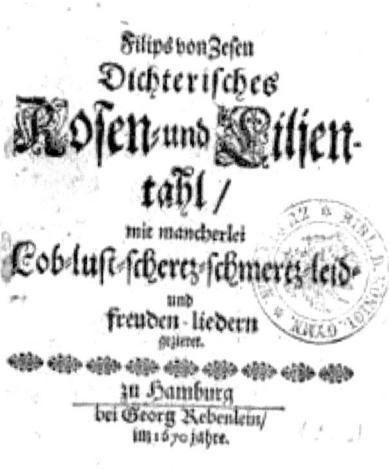

Philipp von ZESEN (auch Filip Cösius oder *Caesius*, Pseudonym *Ritterhold von Blauen* (Priorau bei Dessau 1619-1689 Hamburg) war ein deutscher Dichter und evangelischer Kirchenlieddichter, der zu den ersten deutschen Berufsschriftstellern zählt.

Er wurde als Sohn eines lutherischen Pastors geboren, besuchte das Gymnasium in Halle und studierte von 1639 bis 1641 Rhetorik und Poetik an der Universität Wittenberg. Ab 1642 hielt er sich auf der Suche nach einer Anstellung in Hamburg auf. Er bewarb sich ohne Erfolg mehrfach bei Hofe und musste aus finanzieller Not als freier Schriftsteller arbeiten.

Die Kriegsjahre 1642 bis 1648 verbrachte er in Amsterdam, Leiden und Utrecht – als Übersetzer und Korrektor niederländischer Verlage. Er unternahm auch Reisen nach London, Paris, nach Dänemark und in das Baltikum. Von 1648 bis 1656 lebte er wieder im Elternhaus in Priorau. Der Ort, zusammen mit Schierau und Möst, gehörte bis 1815 als Exklave im Fürstentum Anhalt zum kursächsischen Amt Bitterfeld und kam durch die Beschlüsse des Wiener Kongresses 1814/15 an Preußen. Das Geburtshaus des Barockdichters steht noch heute.

Durch Kontakte zum Köthener Hof wurde er unter dem Namen *Der Wohlsetzende* in die *Fruchtbringende Gesellschaft* (s. auch zu Moscherosch) aufgenommen. Er war auch für seinen durch einen Jagdunfall gelähmten Landesfürsten Johann Kasimir von Anhalt-Dessau (1596-1660) als Gesellschafter am Dessauer Hof.

Ab 1656 lebte er vorwiegend in Amsterdam, erhielt dort 1662 auch das Bürgerrecht und wurde zu einem der wichtigsten Mitarbeiter des noch heute bestehenden Verlages *Elsevier* (ursprünglich von Louis Elsevier 1580 in Leiden gegründet). 1653 wurde er auf dem Reichstag zu Regensburg von Kaiser Ferdinand III. persönlich geadelt. Nach seiner Heirat mit der Leinwandhändlerin Maria Becker 1672 ließ er sich wieder in Hamburg nieder.

Seine Werke umfassen Lyrik, Poetik, literaturtheoretische Abhandlungen, einen biblischen und einen autobiografischen Roman sowie Lieder. Er schrieb etwa 90 Bücher.

## Nr. 17 – 1674

Angaben im Zettelkatalog

|  |
|---|
| 17<br>Cun/Ora<br>Cunaeus, Petrus:<br>[Sammlung] Petri Cunaei Orationes argumenti varii … .Orationes et notis … / August Buchner.<br>Lipsiae : Euhrmann : Brenner, 1674. (Wittgau)<br>    449, 88 S. + Index<br>(…)<br>20.943 |

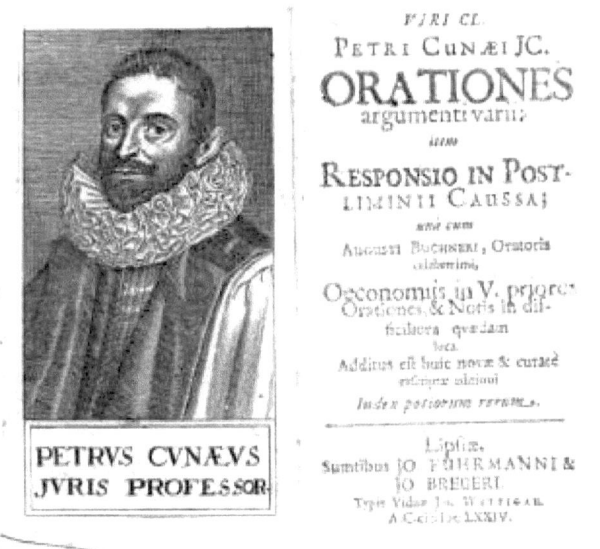

Petrus CUNAEUS, auch Peter van der Cun oder Pieter van Cun (1586-1636) war ein niederländischer Philologe und Rechtswissenschaftler. (Zu August Buchner s. Nr. 21)

## Nr. 18 – 1675

Angaben im Zettelkatalog

|  | 31<br>Ava/Poe |
|---|---|
| Avancini, Niccoló:<br>[Sammlung] Poesis dramatica / Nicolai Avancini.<br>Coloniae Agrippinae : Friesse, 1675. 1088 S.<br>[in getr. Zählung] - Pars 1 – 2 [zsgeb.]<br>(…) | |
|  | 20.857 |

Niccoló (Nicola) von AVANCINI (1611-1686) war Jesuit, Pädagoge, Dichter und lateinischer Dramatiker der Barockzeit. Er stammte aus einem alten südtiroler Adelsgeschlecht, besuchte das Grazer Jesuiten-Gymnasium und trat 1627 in den Orden ein. Ab 1630 studierte er an der Grazer Jesuiten-Universität Philosophie und lehrte ab 1633 an den Jesuiten-Gymnasien von Triest, Agram (Zagreb) und Laibach. 1637 studierte er in Wien und wurde dort Dozent für zunächst Rhetorik, später Philosophie und ab 1646 Theologie. Im Verlaufe seiner weiteren Karriere wirkte er als Rektor in Passau (1655/56), Wien und Grau, wurde Ordens-Provinzial, Visitator in Böhmen und 1682 Assistent des Ordensgenerals in Rom.

Sein literarisches Werk ist von Gedichten „in prunkvoller Rhetorik, stets lateinisch", Dramen für das Theater geprägt und er zählt zu „den erfolgreichsten und fruchtbarsten Dramatikern des Ordens. (…) Er verwandte am liebsten historische Stoffe, neben biblischen, legendären oder sagenhaften. (…) Damit erreichte der lateinische Hochbarock in Deutschland seinen Gipfel, die spätere klassizistische Reaktion verdammte den Avianismus seines Stiles als Schwulst…"
(Flemming, Willi, „Avancinus, Nicolaus", in: Neue Deutsche Biographie 1 (1953), S. 464f)

Die Kölner Verlegerfamilie FRIESSEM gehörte zu den bedeutenden Buchhändlern, Druckern und Verlegern. Mit dem Namen Johann Wilhelm Friessem sind mehrere Generationen verbunden – mit den Lebensdaten Friessem I. 1600-1668 und **II. 1646-1700** (Verleger des vorgestellten Buches, mit einer Tochter des Verlegers Gymnich verheiratet), III. bis 1704; Nachfolger (Erben) bis 1719.

**Nr. 19 – 1679**

Angaben im Zettelkatalog

|  | 6<br>Era/Coll |
|---|---|
| <u>Erasmus von Rotterdem, Desiderius:</u><br>[Sammlung] Des. Erasmi Roterod. <u>C</u>olloquia nunc emendatiora.<br>Amstelodami : Elzeviris, 1679. – 670 S.<br>       Letzte Seite stark beschädigt!<br>(...) | |
|  | 20.877 |

**ERASMUS VON ROTTERDAM** (geb. zwischen 1466 und 1469, gest. 1536) war ein bedeutender Gelehrter des Renaissance-Humanismus. Er war zugleich Theologe und Philologe und Autor zahlreicher Schriften. Ihm zu Ehren wurde das heutige *Erasmus-Programm* für Studenten in der Europäischen Union benannt.
Aus der ersten Hälfte des 19. Jahrhunderts stammt eine lesenswerte Biographie – aus dem *Bilder-Conversations-Lexikon* (1. Band 1837) des Brockhaus-Verlages in Leipzig:

*„**Erasmus** (Desiderius), einer der gelehrtesten Männer seiner Zeit und ein mittelbarer Beförderer der Reformation, indem er aus Abneigung gegen alle Streitigkeiten nicht offen für dieselbe auftrat, war der uneheliche Sohn eines Holländers mit Namen Gheraerds, und 1467 zu Rotterdam geboren. Bis zum neunten Jahre Chorknabe im Doem zu Utrecht, kam er dann auf die Schule zu Deventer, wo er die größten Hoffnungen erregte, mußte aber nach dem Tode seiner Ältern auf das Verlangen seiner Verwandten im 17. Lebensjahre in das Kloster Emaus bei Gouda eintreten. Seine ausgezeichneten Kenntnisse bewogen aber den Bischof von Chambray, E. nach ertheilter Priesterweihe zur Vervollkommnung in der Theologie und allten Sprachen nach Paris zu schicken, von wo er dann mit einigen Engländern, die seinen Unterricht genossen hatten und deren Einer ihm einen lebenslänglichen Jahresgehalt aussetzte, 1497 nach London ging. Bald trieb ihn aber das Verlangen, sich in den Wissenschaften noch mehr auszubilden, nach Italien, wo er zu Bologna die Würde eines Doctors der Theologie annahm. Als ihn aber hier seine Ordenstracht, in der ihn das Volk für einen Pestarzt ansah, Mißhandlungen zuzog, erbat und erhielt er von dem Papste die Lösung seiner Mönchsgelübde und ging, nachdem er Venedig und Rom kennen gelernt und viele vortheilhafte Anerbieten abgelehnt hatte, wieder nach England, wo ihn die Gunst König Heinrich VIII. ein unabhängiges, den Wissenschaften gewidmetes Leben hoffen ließ. Als E. dort mit dem Großkanzler Thomas Morus zuerst als Unbekannter*

*zusammentraf, ward dieser von dessen Unterhaltung so entzückt, daß er ausrief: „Ihr seid E. oder ein Dämon!"*

Gemälde von Holbein

*Nachdem er abermals Paris besucht, erhielt er in England eine Pfarrei und war in Oxford kurze Zeit Professor der griech. Sprache, scheint aber dessenungeachtet nie bei Gelde gewesen zu sein und ließ sich endlich nach wiederholten Reisen durch die Niederlande und Deutschland, seine Unabhängigkeit allen glänzenden Anträgen mehrer Fürsten vorziehend, Basel nieder, wo er am 12. Juli 1536 verstarb. E. gehörte zu den gründlichsten Kennern der alten Sprachen, besaß außerdem höchst umfassende Kenntnisse, einen geläuterten Geschmack, war ein beredter Verteidiger hellerer Ansichten und bekämpfte auch als satirischer Schriftsteller die Thorheit seiner Zeit. Der Reformation wandte er sich persönlich zwar nicht zu, zu ihren Beförderern muß er aber dessungeachtet gezählt werden, obgleich er als Weltmann alles entscheidene Eingreifen in die Gebrechen seiner Zeit vermied, weshalb er auch von den feurigen Geistern seines Jahrhunderts manchen heftigen Angriff erdulden mußte und mit Luther namentlich in persönliche Zwietracht gerieth..."*

**Nr. 20 – 1679/80**

Angaben im Zettelkatalog

|  |
|---|
| 31<br>Buch/Ep<br><br>Buchner, August:<br>[Sammlung] Augusti Buchneri epistolae :<br>Opus posthumanum.<br>Dresden : Hübner, 1679 – 1680. – Pars 1 – 2<br>     [zusgeb.]<br>1. – 1679. – 544 S. + Index.<br>2. – 1680. – 494 S. + Index.<br>20.564 |

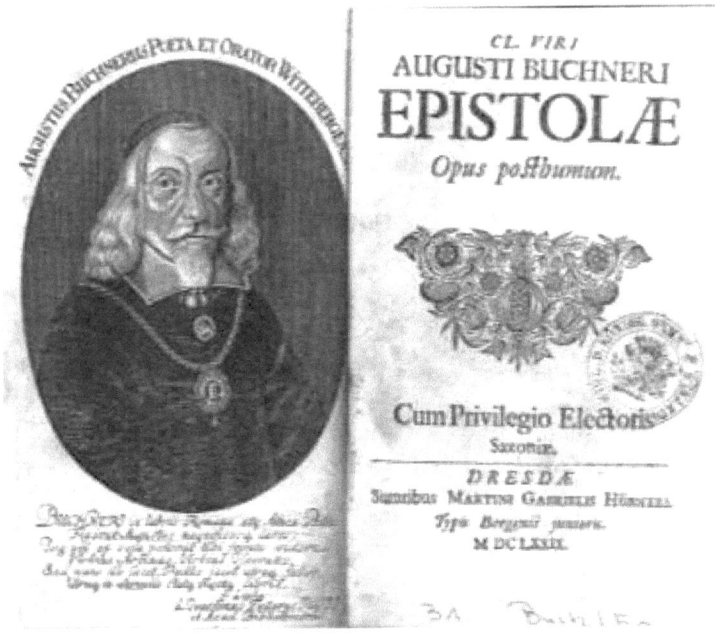

August BUCHNER (1591-1661) war ein deutscher Altphilologe, Poet und Literaturtheoretiker der Barockzeit. Er wurde als Sohn eines Oberzeugmeisters in Dresden geboren, besuchte ab 1604 das kurfürstliche Landesgymnasium Schulpforta, studierte ab 1610 in Wittenberg. Bereits 1616 erwarb er die Magisterwürde der *Sieben freien Künste*, wurde in Wittenberg Professor für Poetik und übernahm die Inspektion der Universitätsbibliothek. Er hielt Vorlesungen zur Dichtkunst und hatte zahlreiche Schüler, die als Barockdichter bekannt wurden – wie Simon Dach, Paul Gerhardt, Martin Opitz, deren Namen auch in der Erzählung von Günter Grass „Das Treffen in Teltge" zu finden sind.

In seinen Vorlesungen soll Buchner die gesamte Bandbreite der Literatur behandelt und Wittenberg zu einem Zentrum der akademischen Rhetorik entwickelt haben. Er wurde mehrmals (zwischen 1618 und 1654) zum Rektor der Universität Wittenberg gewählt.

Als sein Hauptwerk gilt die „Anleitung zur deutschen Poeterei", das nach seinem Tod 1665 von seinem Schwiegersohn Otto Praetorius (1636-1668) in Wittenberg herausgegeben wurde.

Von der Hezog August Bibliothek Wolfenbüttel wurden 45 seiner Drucke digitalisiert.

**Nr. 21 – 1681**

Angaben im Zettelkatalog

|  | 13<br>Myth |
|---|---|
| Mythographi latini / von C. Jul. Hyginus [u.a.]<br>[Hrsg.] : Thomas Muncker.<br>Amstelodami : Someren, 1681. – T. 1 – 2 [zsgeb.]<br>NE: 2<br>T.1. – 487 S. + Index.<br>T.2. – 330 S. + Index. | |
|  | 20.1956 |

Als *Mythographie* bezeichnet man eine wissenschaftlich-philologische Sammlung sowie auch Interpretation von Mythen. In den Altertumswissenschaften waren diejenigen Schriftsteller gemeint, welche Sagen und Dichtungen früherer Zeiten (vor allem des 2. und 3. Jahrhunderts v. Chr. – der alexandrinischen Zeit) in Prosa bearbeiteten und zusammenstellten.

Unter dem Namen *Hyginus* sind zwei lateinische Werke des 2. Jahrhunderts n. Chr. überliefert, die aber offensichtlich nicht von dem gleichnamigen Bibliothekar Gaius Julius Hyginus (64 v. Chr. – 17 n. Chr.), der mit Ovid befreundet war. Er kam als Kriegsgefangener bzw. Sklave nach Rom, wurde vom Kaiser Augustus freigelassen und entwickelte sich zu einem antiken Gelehrten und Schriftsteller. Die mit seinem Namen verbundenen mythologischen Fabeln stammen aus dem 2. Jahrhundert n. Chr. Hyginus wurde Leiter der Palatinischen Bibliothek.

*Planciades Fulgentius* (Fabius Claudius Gordianus Fulgentius) war ein spätantiker lateinischer Autor des 6. Jahrhunderts. Er soll aus Nordafrika stammen. Der Mythograph gehörte offenbar der senatorischen Oberschicht an, jedoch sind über sein Leben kaum sichere Informationen bekannt. Die von ihm erhaltenen Werke erzielten im Mittelalter eine erhebliche Wirkung; vor allem auch seine zahlreichen klassisch-heidnischen Sagen in christlichem Sinne wurden gedruckt.

*Lactantius Placidus* lebte vielleicht Ende des 4. Jahrhunderts. Ihm werden verschiedene Schriften, u.a. *Placidusglossen* und (wohl fälschlicherweise) die *Narrationes fabularum* (aus Ovid) zugeschrieben.

*Albricus philosophus* ist der Name eines Handbuchs der Mythographie, dessen Entstehung auf das Ende des 14. Jahrhunderts datiert wird.

Thomas MUNCKER (1642-1680) war Philologe und Gymnasialdirektor in Delft. (Ein Porträt von ihm befindet sich in der Porträtsammlung der Herzog August Bibliothek.)

**Nr. 22 – 1699**

Angaben im Zettelkatalog

> 33
> Heli
> 
> Des schlesischen Helicons auserlesene Gedichte : oder etlicher vortrefflicher Schlesier biss anhero ohnebekandte Poetische Galanterien ; nebst e. Vorrede …
> Franckfurt u. Leipzig : Rohrlachs, 1699. –
> 862 S.
> Letzte Seiten fehlen!
> 
> 20.807

Als *Helicon* wird das Kalkgebirge (neugriech. Elikonas) in der griechischen Landschaft Böotien bezeichnet, nördlich des Golfs von Korinth, dessen höchster Berg sich 1748 m erhebt. In der Antike, seit *Hesiod* (lebte vor 700 v. Chr., griechischer Dichter, der als Ackerbauer und Viehalter lebte), galt der Helicon als der Sitz der Musen – bis sie von Apollon nach Delphi gebracht wurden. Die beiden Quellen im Gebirge, Aganippe und Hippokrene, sollen nach der griechischen Mythologie durch einen Huftritt des *Pegasus* (ein geflügeltes Pferd) entstanden sein. Die Nymphe des Berges war *Echo* (eine Tochter der *Gaia*, der personifizierten Erde). Im Tal der Musen, unterhalb des nordöstlichen Gipfels, fanden in hellenistischer und römischer Zeit Festspiele statt.

Als *Schlesische Dichterschule* werden die schlesischen Dichter der Barockzeit bezeichnet. Dieser Begriff stammt aus der Literaturgeschichte. Als *Erste Schlesischer Schule* werden Autoren gezählt, die stilistisch dem Dichter *Martin Opitz* (Bunzlau 1597-1639 Danzig, nobiliert 1620 zu Opitz von Boberfeld) nachfolgen. Er gilt als der Begründer der Schlesischen Dichterschule und war ein bedeutender Theoretiker des Barock – s. auch hierzu in Günter Grass: Das Treffen in Teltge.

Seit Ende des 17. Jahrhunderts ist die Bezeichnung *Zweite Schlesische (Dichter)-Schule* belegt – mit den Hauptvertretern Christian Hoffmann von Hoffmannswaldau (1616-1679, Lyriker, Epigrammatiker und Bürgermeister von Breslau – Begründer das galanten Stils) und Daniel Casper von Lohenstein (1635-1673, Jurist, Diplomat, Übersetzer).

**Nr. 23 a – 1700**

Angaben im Zettelkatalog:

> 22
> Mor/Un
>
> Morhof, Daniel Georg:
> [Sammlung] Daniel Georg Morhofens Unterricht von d. teutschen Sprache und Poesie…: sampt dessen teutschen Gedichten… ; von neuem vermehrt und verb. … von den Erben herausgegeb.
> Lübeck, Frankfurt: Biedemeyer, 1700 - [9]
> 718, 510 S.

**Nr. 23 b – 1747**

Angaben im Zettelkatalog

|  | 22<br>Mor/Pol |
|---|---|
| Morhof, Daniel Georg:<br>[Sammlung] Danielis Georgii Morhofi Polyhistor, Literarius, Philosophicus ... /<br>[Hrsg. von] Jo. Albertus Fabricius. – 4. Ed.<br>Lubecae : Boeckmann, 1747. – 1072 S.<br>NE: 1 | |
|  | 20.1431 |

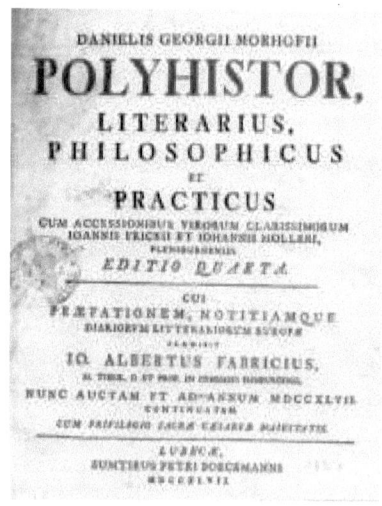

Daniel Georg MORHOF (Wismar 1639-1691 Lübeck) war der Sohn eines Wismarer Juristen, der an der Universität Rostock bei den Professoren Johann Lauremberg (1590-1658; Mathematiker und Kartograph sowie niedrdeutscher Dichter und Schriftsteller der Barockzeit, 1618-1623 Professor der Poesie in Rostock, dann

Professor für Mathematik an der Academia Sorana/Insel Seeland) und Andreas Tscherning (1611-1659, Nachfolger von Lauremberg) Vorlesungen hörte. Ab 1660 hatte Morhof die Professur für Poesie inne, wurde 1665 Professor an der neu gegründeten Universität Kiel, wo er später auch die Professur für Geschichte bekam und als Bibliothekar wirkte. Er gilt als Begründer der allgemeinen Literaturgeschichte – und zwar durch das zuerst vorgestellte Werk *Unterricht von der deutschen Sprache und Poesie* (Erstausgabe Kiel 1682 – digitalisiert im Deutschen Textarchiv). Ein Exemplar des zweiten Werkes befindet sich auch in der *Herzog August Bibliothek* zu Wolfenbüttel – 3. Auf. Lübeck 1732 digitalisiert.

Porträt: Frontispiz zu Nr. 23 b

Die im Titel genannten Johann FRICK (1670-1739) und Johannes MOLLER (1661-1725) waren lutherische Theologen und Schriftsteller – der Erstere in Ulm, der Letztere als Rektor der Lateinschule in Flensburg und Gründer der Schulbibliothek.

Johann Albert FABRICIUS (Leipzig 1668-1736 Hamburg) war ein deutscher klassischer Philologe und Bibliograph. Von seinem Vater Werner Fabricius (1633-1679, Musikdirektor an der Universitätskirche St. Pauli in Leipzig) und dem lutherischen Theologen Valentin Alberti (1637-1697, Theologieprofessor an der Universität und mehrmals deren Rektor) erhielt er seinen ersten Unterricht. Bei Samuel Schmidt (1632-1706), Rektor am Gymnasium in Quedlinburg, entdeckte er das Werk Morhofs „Polyhistor Literarius", das seinen weiteren Werdegang bestimmte. Er studierte in Leipzig, wo er 1688 den Grad des Magisters erwarb. Er wandte sich zunächst dem Studium der Medizin zu, dann aber der Theologie. 1694 wurde er Famulus und Bibliothekar des Hauptpastors Johann Friedrich Mayer (1650-1712) an der Hamburger Kirche St. Jacobi und Professor in Kiel. 1699 wurde er an der Universität Kiel zum Dr. theol. promoviert und erhielt den Lehrstuhl für Rhetorik und Ethik am Hamburger Akademischen Gymnasium. 1708 bis 1711 übernahm er zusätzlich das Rektorat der bedeutenden Hamburger Lateinschule Johanneum.

# Nr. 24 – 1747

Angaben im Zettelkatalog

|  | 22<br>Reich |
|---|---|
| Reichard, Elias Caspar:<br>Elias Caspar Reichards Versuch einer Historie der deutschen Sprachkunst.<br>Hamburg: Martini, 1747. – 494 S. |  |
|  | 20.030 |

Elias Caspar REICHARD (Quedlinburg 1714-1791 Magdeburg) war ein deutscher Pädagoge und Schriftsteller. Er war der Sohn eines Leinendamastwirkers und ließ sich zunächst auch in diesem Beruf ausbilden. 1733 begab er sich als Geselle auf Wanderschaft nach Köthen und Halle an der Saale. Aus der Gesellenherberge in Halle stellte er einen Antrag zum Besuch der Schule des Waisenhauses, dessen Rektor Johann Anastasius Freylinghausen (Gandersheim 1670-1739 Halle) sein Gesuch genehmigte. Ab 1736 begann er ein Studium der Theologie und Humaniora in Leipzig, das er 1738 in Halle abschloss. Er fand dort auch eine erste Stelle als Lehrer an der Waisenhausschule.

1739 holte ihn der Abt Johann Adam Steinmetz (1689-1762) an die evangelische Schule des Klosters Berge in der Nähe von Magdeburg bei Buckau. 1740 wurde er von der dänischen Regierung als Professor für Beredsamkeit und Dichtkunst an das Akademische Gymnasium des Christianums in Altona berufen. 1745 wurde er Professor am Collegium Carolinum in Braunschweig und von 1755 bis 1784 war er Rektor des altstädtischen Gymnasiums in Magdeburg.

Reichard beschäftigte sich auch kritisch mit Magie und Aberglauben und sammelte Geister- und Gespenstergeschichten, worüber er ausführlich in den *Braunschweigischen Anzeigen* (1752 bzw. 1755) berichtete. 1781 bzw. 1788 veröffentlichte er in Helmstedt sein Werk *„Vermischte Beyträge zur Beförderung einer nähern Einsicht in das gesamte Geisterreich. Zur Verminderung und Tilgung des Unglaubens und Aberglaubens…"*

**Nr. 25 – 1736**

Angaben im Zettelkatalog

---
143
Rohr/J

Rohr, Julius Bernhard von:
Juristischer Tractat von dem Betrug bey den Heyrathen : ... in welchen des Herrn Prof. Krausens u. Herrn Doct. Abraham Kaestners Dissertationes ... zum Grunde gelegt u. mit mancherley theolog. U. jurist. Anm. begleitet worden / von Julio Bernhard von Rohr. Berlin : Ruediger, 1736. – 303 S.
(...)

20.591

---

Julius Benhard von ROHR (Elsterwerda 1688-1742 Leipzig) war sächsischer Kameralist, Naturwissenschaftler und in der Frühzeit der Aufklärung als Schriftsteller auch einer der bekanntesten Autoren der deutschen Hausväterliteratur – in diesem Werk auch Autor eines *juristischen Traktats*, das außerdem *theologische Anmerkungen* enthält.

Der Sohn eines Rittergutsbesitzers besuchte ab 1705 bis 1710 die Universität Leipzig zum Studium der Rechtswissenschaften, wo er auch naturwissenschaftliche Vorlesungen besuchte. Nach Reisen nach Hamburg und Frankfurt am Main setzte er seine Studien in Leipzig fort. Nach dem plötzlichen Tod seines Vaters und dem Verkauf des Familien-Stammgutes wegen Schulden schlug er das Erbe aus und musste seinen Lebensunterhalt durch Unterichts-stunden und Veröffentlichung mehrerer Schriften verdienen. Von 1713 bis 1714 lebte er zweitweilig in Holland bzw. Hannover und wurde dann Beisitzer in der Stifts- und Erblandsregierung Merseburg.

1726 wurde er in die Niederlausitz versetzt, die damals zum Herzogtum Sachsen-Merseburg gehörte. 1731 wurde er Kammerrat und 1732 bekam er eine Domherrenstelle in Merseburg, wo er 1738 in den Ruhestand trat.

In seiner in Wikipedia veröffentlichten Biographie ist zu dem vorgestellten Werk zu lesen:

*„Nach einer sorgenvollen Beziehung zu einer Dame, der er in seinem Juristischen Traktat von dem Betrug bey den Heyrathen ein unrühmliches Denkmal setzte, heiratete er erst kurz vor seinem Tod Anna Rebekka Köhler. Aus dieser Ehe stammt der Sohn Julius Philipp von Rohr, der später Arzt in Halle (Saale) wurde."*

Über sein literarisches Werk insgesamt ist zu lesen:
*„Neben seinen kameralistischen und naturwissenschaftlichen Veröffentlichungen machte sich Julius Bernhard von Rohr vor allem mit seinen beiden zeitgenössischen Reiseführern für den Ober- und Unterharz einen Namen."*

Er veröffentliche auch einige juristische Werke – so zum Bürgerlichen Recht (1731) und zum Haushaltungsrecht ( 1719 und 1732).

Von den im Titel des Traktats genannten Personen ist vor allem Abraham Gotthelf KÄSTNER (1719-1800) bekannt geworden. Er studierte ab 1731 in Leipzig Jura, Philosophie, Physik und Mathematik und habilitierte sich dort 1739. 1746 wurde er ao. Professor in Leipzig, 1756 folgte er einem Ruf an die Universität Göttingen als o. Professor für Naturlehre und Geometrie.

)
Abraham Gotthelf Kästner
(nach einem Gemälde von Tischbein)

Kanzlei aus Rohrs Werk zum Haushaltungsrecht (1719)

## III. Ausgewählte Werke zur THEOLOGIE sowie Sammlungen von REDEN

### Nr. 26 – 1543/1545 (!)

Angaben im Zettelkatalog:

> 113
> Luth/Wi
>
> Luth[er], Mart[in]:
> [Sammlung] Wider das Babstum zu Rom vom Teufel gestifft. Kurzbekentnis D. Mart. Luthers vom heiligen Sacrament. Eine Predikt D. Martini Lutheri newlich zu Leiptzig gethan. Eine Predigt über die Epistel u.a. / von Mart. Luth. D.
> [Wittemberg : 1545 (Luft)]
> Keine Seitenang.
>
> 20.191

Auf der Titelseite dieser zweitältesten Schrift in der Bibliothek des Gymnasiums sind handschriftlich einige Angaben auf dem auf der folgenden Seite abgebildeten Blatt zu sehen, die mit dem Namen **G. H. Goetze** (Leipzig 1667-1728 Lübeck) beginnen. Er war ein deutscher lutherischer Theologe und wirkte als Superintendent der Stadt Lübeck.

Als Drucker auch der im Band enthaltenen weiteren Schriften ist Hans LUF(F)T (Amberg um 1495-1584 Wittenberg). Er erlernte das Druckerhandwerk in Leipzig und kam 1515 als Geselle in die Druckerei von Johann Gronenberg (gest. nach 1523) in Wittenberg – und danach zu Melchior Lotter dem Jüngeren (Leipzig um 1490-1542; Druckerei ab 1519 in Wittenberg). Ab 1524 hatte Luft eine eigene Druckerei und 1534 druckte er die erste Gesamtausgabe der Lutherbibel.

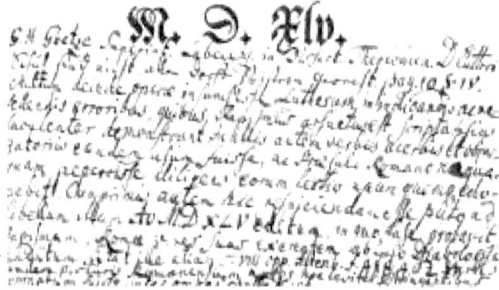

An diese erste Schrift sind weitere Titel von Luther angebunden:
- 1543: *Eine Predigt uber die Epistel / so man lieset von den heiligen Engeln. Apoc. XII.*
- 1545: *Kurtz bekentnis D. Mart. Luthers / vom heiligen Sacrament.*
- 1545: *Eine predigt D. Martini utheri / newlich zu Leiptzig gethan.*

Und auch Schriften anderer Autoren:
- 1545: *Von dem anbettē des H. Sacraments / ein kurtzer Bericht. An den Hochlöblichen geistlichen Adel / des Wirdigsten Cöllschen Thumcapittels / dienstlich vorgetragen. Doctor Gerhart Westerburg von Cöllen.*

- 1546: *Von der Hellen. Durch Jacob Ratz Pfarrherr zur Newstatt am Koch. 1. Corint. 15. Helle / wo ist dein sieg.*

Ausgewählte Daten aus der Biographie von Martin LUTHER (1483-1546)
1483 10. November: Geburt in Eisleben
1507 Ablegung des Mönchsgelübdes, Beginn innerer Glaubenskämpfe
1512 Promotion zum Doktor der Theologie in Wittenberg
1513 Stunde biblischer Erkenntnis im Turm zum Schwarzen Kloster zu Wittenberg
1517 31. Oktober: Anschlag der 95 Thesen an die Schlosskirche in Wittenberg

| 1520 | Verurteilung der Lutherischen Lehre durch Papst Leo X. durch die Bannandrohungsbulle |
| 1521 | Luther vor dem Reichstag in Worms |
| 1521/22 | Übersetzung des Neuen Testaments auf der Wartburg |
| 1524 | Luther tritt aus dem Erfurter Augustiner-Eremiten-Orden aus |
| 1525 | Eheschließung mit der ehemaligen Nonne Katharina von Bora |
| 1529 | Ausgabe des großen und kleinen Katechismus |
| 1532 | Nürnberger Religionsfrieden – ermöglicht die Ausbreitung des Protestantismus |
| 1544 | In Torgau wird die erste protestantische Kirche eingeweiht |
| 1546 | 18. Februar: Tod in Eisleben |

Jacob RATZ war Pfarrer zu Neustadt am Kocher. Im Vorwort berichtet er erfreut über die Einführung der Reformation im Kraichgau. Der abgebildete Holzschnitt zeigt das Jüngste Gericht mit der Himmelfahrt Christi. Im Landesarchiv Baden-Württemberg befindet sich eine Akte unter dem Titel *„Bitte des Prädikanten Jakob Ratz zu Neuenstadt, ihm zur Wiedererlangung seiner ins Kloster Erbach*

*abgegebenen 200 fl. behilflich zu sein* (1558 – 3 Schriftstücke). An Lebensdaten ist nur bekannt, dass er in Saulheim geboren wurde, 1542 (vielleicht auch schon 1537) in Neustadt am Kocher als Pfarrer wirkte. Im Nachtrag zu „Jöchers Gelehrtenlexikon" (1819) ist zu lesen, dass er 1554 Pfarrer in Pforzheim gewesen sei und es wird bemerkt: *Seitdem hören die Nachrichten von ihm auf. Er scheint ein Verehrer Luthers gewesen zu seyn, denn er nennt ihn seinen günstigen Herrn. Allen Schwärmern und Kopfhängern war er gram. Seine Schriften gehören zu den besten jener Zeit.*

Gerhard WESTERBURG (Köln um 1490-1558 in Dykhausen bei Neustadgödens, heute Gemeinde Sande im Landkreis Friesland) war ein deutscher Jurist und Theologe der Täufer und der Reformierten. Er studierte in Trier, Köln und Bologna und schloss dort 1521 sein Studium mit dem Doktor beider Rechte ab. Sein Werdegang danach führte über Wittenberg und 1524 Zürich, wo er sich den Täufern (einer radikalreformatorisch-christlichen Bewegung) anschloss. Er reiste nach Frankfurt am Main, wo er in die *Gemeinschaft der evangelischen Brüder* eintrat – der wechselvolle Lebensweg ist ausführlich in Wikipedia beschrieben. 1542 war er offensichtlich einige Zeit als reformierter Geistlicher im Dienste Herzog Albrechts von Preußen (1490-1568; ab 1511 Hochmeister des Deutschen Ordens, trat 1525 zur Reformation über und säkularisierte den Deutschen Orden in Preußen). Auf einer Rückreise von Zürich veröffentlichte er in Straßburg die vorgestellte reformatorische Schrift an Kölner Theologen. Nach 1550 übernahm er bis zu seinem Tod 1558 eine reformierte Pfarrstelle in Dykhausen.

**Nr. 27 – um 1595**

Angaben im Gemeinsamen Verbundkatalog GVK:
(Karteikarte nicht vorhanden)

| |
|---|
| Titel: **Bienenkorb** des Heil. Röm. Immenschwarms, seiner Hummelszellen (oder Himmelszellen) Hurnaußnäster, Brämengeschwürm unnd Wäspengetöß / Durch Jesuwald Pickhart<br>Verfasser: Fischart, Johann *1546-1590*<br>Ort/Jahr: (Getruckt zu Christlingen bey Ursion Gottgewinn), s.a.<br>Umfang: ca. 25 ungezähl., 272 Bl. |

Der Verfasser Johann FISCHART (1546 oder 1547-um 1590) wird als Schriftsteller, Dichter und Jurist in der „Deutschen Biographie" bezeichnet. Seine Lebensgeschichte ist nicht in allen Einzelheiten bekannt. Er soll in Mainz oder wahrscheinlicher in Straßburg geboren sein. Nach Studien in Straßburg, Paris und Siena promovierte er 1574 in Basel zum Dr. iur. und war als freier Schriftsteller in Straßburg tätig. Hier erreichte er den „Gipfel seines literarischen Schaffens" (NDB 5 (1961), 170-171; Gustav Bebermeyer). Ab 1580 war er als Advokat am Reichskammergericht in Speyer und ab 1583 als Amtmann in Forbach (Lothringen) tätig. Zur literarischen Tätigkeit von Fischart schrieb G. Bebermeyer:

„F.s umfangreiche literarische Produktion umspannt einen weiten Bogen von den konfesionell-polemischen und humoristisch-satirischen Jugendwerken über sein Hauptwerk, dem satirischen Roman ‚Geschichtklitterung' (1575). (...), bis zu moralisch-philosophischen Schriften..." Bebermeyer lobt ihn als „eines der größten Sprachtalente der deutschen Literatur..."

Zum vorgestellten Werk ist in einem Antiquariatsangebot (genannter Preis EUR 790 – Aug. 2016) u.a. zu lesen:

„…Das satirische Pamphlet, mit dem sich Fischart, selbst Sympathisant der Calcinisten, gegen die katholische Restauration wandte, erschien erstmals 1579. (…) Fischarts antirömischem Engagement, für das der ‚Bienenkorb' eines der interessantesten literarischen Zeugnisse darstellt, wurde angesichts des grossen Einflusses des Jesuitenordens im Elsass allerdings kein grosser Erfolg zuteil…" Auch wird daraufhin gewiesen, dass Fischart, in der Gesinnung angeregt durch Calvin, in der Weltanschauung durch Erasmus von Rotterdam, im Stil des Rabelais (gest. 1553) geschrieben habe.

Der Herausgeber Ursion GOTTGEWINN (Pseudonym) war Johann MENTZER (1658-1734), ein deutscher lutherischer Theologe. Er hatte das Gymnasium in Bautzen besucht, Theologie an der Universität Wittenberg studiert und erhielt seine erste Pfarrstelle 1691 in Merzdorf (Oberlausitz), wurde 1693 nach Hauswalde (30 km östlich von Dresden) versetzt und kam 1696 als Pfarrer nach Kemnitz (im Landkreis Görlitz). Er gehörte einem Dichterkreis an, der durch den aufkommenden Pietismus geprägt war und veröffentlichte zahlreiche Kirchenlieddichtungen. Am bekanntesten wurde sein 1704 im Freylinghausenschen Gesangbuch erschienenes Lied *„O dass ich tausend Zungen hätte"* – noch heute im im Evangelischen Gesangbuch.

**Nr. 28 – 1596**

Angaben im Zettelkatalog

>                                                              112
>                                                           (TAN)/L
> [Die Bibel <plattdt.>]
> Plattdeutsche Luther-Bibel. Mit e. Vorrede von David Wolderus.
> Hamborch : Lucius, 1596. – 365, 223, 150 Bl. Titelseite fehlt! – Text
> plattdt.
> EST: Biblia / Testamentum novum et vetus <plattdt.>
> NE: 2
> Vw: Luther-Bibel s. Biblia <plattdt.>
>                                                           20.572

Diesem vor 420 Jahren erschienenen Exemplar einer LUTHER-Bibel in „plattdeutscher" (niederdeutscher) Sprache fehlt zwar die Titelseite, jedoch ist jeweils der Beginn eines Kapitels prachtvoll illustriert.
Die Vorrede stammt von David WOLDER (erwähnt 1568, gest. 1604), einem evangelischen geistlichen Dichter (Deutsche Biographie). In der Matrikel der Universität Rostock ist *Dauid Wolderus* aus Hamburg mit seiner Promotion zum Magister in der Philosophischen Fakultät im Wintersemester 1573/74 aufgeführt (1.4.1574). Als Geburtsdatum wird dort „um 1550" genannt und weiter ist verzeichnet: „Theologe und Herausgeber von Bibelwerken, in Rostock war er nach seinem Studium Hauslehrer bei Lukas Bacmeister ab 1577 und bis zu seinem Tod war er Diakon an St. Peter u. Paul in Hamburg."
Ausführlich ist seine Biographie in der Allgemeinen Deutschen Biographie (44, 1898, S. 541-543) von Carl Berthau zu finden. In Bezug auf das vorgestellte Bibelwerk ist dort zu lesen:
*„….im J. 1577 wurde er als Prediger zu St. Petri in seine Vaterstadt Hamburg zurückberufen und in diesem Amte verblieb er bis zu seinem*

*Tode; er starb an der Pest am 11. (nach anderer Angabe am 14.) December 1604. W. hat sich besonders in weiteren Kreisen bekannt gemacht durch die Herausgabe größerer Bibelwerke. (…) W. gab (…) für sich allein eine vollständige Bibel in griechischer, lateinischer und deutscher Sprache heraus, in vier Columnen neben einander druckte er die Septuaginta, die Vulgata, die lateinische Uebersetzung von Pagnini (im N. T. die von Beza) und die deutsche Uebersetzung Luther's ab. Das Werk erschien in sieben Theilen (gewöhnlich in 3 Bänden gebunden) in Folio Hamburg 1596, gedruckt bei Jacob Lucius dem Jüngeren, einem damals sehr thätigen Drucker und Verleger. (…) Gleichzeitig mit der Arbeit an der Polyglotte beschäftigte W. die Herausgabe einer niederdeutschen (plattdeutschen) Bibel, auch diese erschien in Hamburg im J. 1596 gedruckt von Jacob Lucius dem Jüngeren und zwar in 3 Theilen in Folio. Auch auf die Herstellung dieser Bibel hat W. viel Mühe verwandt; er widmete sie in einer Zueignungsschrift den Räthen der sechs wendischen Städte (Lübeck, Hamburg, Stralsund, Rostock, Wismar und Lüneburg), deren Wappen sich in Holzschnitt auf der Rückseite des Titelblattes befinden; auch sonst ist sie mit vielen Holzschnitten geziert und zwar denselben, die sich auch in seiner Polyglotte befinden…"*

Über den Drucker Jacob LUCIUS den Jüngeren (Helmstedt um 1570-1616) ist zu erfahren, dass er das Werk seines Vaters Jacob Lucius des Älteren (Kronstadt (Siebenbürgen) um 1530-1597 Helmstedt) fortsetzte. Er begann 1595 als Drucker in Hamburg. 1598 kehrte er nach Helmstedt zurück und übernahm dort die Druckerei seines Vaters. Am 12. Januar 1600 wurde zum Typographen der Julius-Universität zu Helmstedt ernannt. Sein Sohn Jacobus Lucius III. führte die Druckerei bis um 1639 fort.

# Dat IIII. Capittel

Sein Bevehl/wo men twölff Steene thor Gedechtnisse/des groten wunderwerckes schal vprichten. Wente Gode wil sunderlick/dat men syner Woldat nicht vorgeten/sunder desülvigen dem jungen Volcke flytich implanten/vnde yds darby erholden schal/Vp dat men in den anderen vorvallenden nöden / vp syne hülpe buwen/vnde ein vortruwen lehre. Darümme schölen sick hyr de Olderen eres Amptes erinneren/ vnde de Kinder mit sunderlikem flyte tho Gades worde vnde Früchten holden.

1 Vnde de HERE sprack tho  
2 Josua: Nemet yuw twölff  
3 Menner / vth einem ydeliken Stammen einen/ Vnde gebeedet en / vnde spreket:

Nemet twölff Steene vp vth dem Jordane/van der stede/dar de vöte der Preesters also sthan/ vnde bringet se mit yuw henaver/dath gy se in der Herberge laten/dar gy dysse Nacht herbergen werden.

Do

## SAMMLUNGEN VON REDEN

### Nr. 29 - 1665

Angaben im Zettelkatalog

```
                                                        15
                                                     Cruc/Su
Crucius, Jacobus:      (1579-1635)
[Sammlung] Jacobi Cruci Suada Delphica :
Sive Orationes XLV varii argumenti ...
[neueste Ausg.]
Amstelodami : Jansson & Weyerstraet, 1665.
1139 S [in getr. Zählung]
Text in lat. Sprache
Enth. außerdem: Contiones et Orationes ex historicis latinis
excerptes. – Verborum ac rerum ... libri 2 / Des. Erasmi Roterod.
NE: 1. beigef. Werk     2. beigef. Werk
                                                     20.859
```

Jacobus CRUCIUS (Antwerpen 1579-1635 Delft) war Professor an der Lateinschule in Delft. Seine „Suada Delphica" enthält eine Sammlung von Vorträgen zu pädagogischen Fragen sowie einige Literaturkritiken der Klassiker. Der niederländische Theologe Johanns Crucius (1560-1625) war sein Bruder. Jacobus Crucius studierte in Middelburg (Nordholland, Provinz Zeeland) und in Leiden Theologie und Sprachen bis 1602. Bis 1618 wird er als *wallonischer Minister* in Delft genannt, danach als Rektor der Lateinschule in Delft, ein Amt, das er bis zu seinem Tod 1635 innehatte. Seine Schriften enthalten lateinische Briefe, Gedichte und Reden. In Französisch veröffentlichte er auch eine Katechese. Seine Briefe gab er mit didaktischen Absichten heraus. Sie enthalten nicht nur Nachrichten, sondern vor allem moralische und religiöse Überlegungen – gerichtet an die Schüler der Lateinschulen.

## Nr. 30 - 1725

Angaben im Zettelkatalog

|  |
|---|
| 16<br>Facc/Or<br>Facciolati, Jacobo:<br>[Sammlung] Jacobi Facciolat Orationes ... de optimis studiis ... /<br>[hrsg. von] Siegmund Jakob Apin.<br>Lipsiae : Monath, 1725. – 387 S.<br>　　　Text überw. Lat.<br>20.790 |

Jacopo FACCIOLATI (1682-1769) war ein italienischer Lexikograph und Philologe. Gefördert durch den Kardinal Barberigo studierte er am Seminar von Padua. Er wurde Professor für Logik an der Universität Padua und Regent der Schulen. 1719 veröffentlichte er eine überarbeitete Auflage des Lexicons Septem Linguarum, ein Latein-Wörterbuch in sieben Sprachen.

Der Herausgeber der Orationes war Siegmund Jakob APINUS (eigentl. Biene; 1693-1732). Er studierte an der Universität Altdorf, erwarb dort 1713 den Grad Mag. phil. et theol., war 1720 Inspektor des Nürnberger Alumen zu Altdorf und wurde 1722 Professor der Logik und Metaphysik am Nürnberger Egidien-Gymnasium. 1729 übernahm er das Rektorat der Ägidienschule in Braunschweig. Er wurde als Verfasser philosophischer, pädagogischer, biblisch-archäologischer, natur- und literaturgeschichtlicher Veröffentlichungen bekannt.

(Otto Puchner in NDB 1 (1953), 327)

## Nr. 31 – 1739

Angaben im Zettelkatalog

|  | 17<br>Lac/Op |
|---|---|
| Lactantius, Lucius Caecilius:<br>[Sammlung] Lucii Coelii Caecilii Lactantii Pirmani Opera Omnia ... /<br>cum notis integris Chr. Cellarii ... et criticis ... intruxit Jo. Ludolph<br>Bünemann.<br>Lipsiae : Walther, 1739. – 1538 S. + Index<br>Vol. 1 – 2<br>(...) | |
| | 20.754 |

Lucius Caecilius Firmianus (*Firmianus, qui et Lactantius*) – kurz LACTANTIUS (um 250-um 320) stammte aus der römischen Provinz *Africa* und war ein lateinischer Rhetoriklehrer und christlicher Apologet (Verteidiger) – er wird zu den Kirchenvätern gezählt.

Der italienische Philosoph Pico della Mirandola (1469-1533) bezeichnet den auch als Rhetoriklehrer bedeutenden Lactantius als „christlichen Cicero". Vom römischen Kaiser Diokletian wurde er zunächst nach Nikomedia (heute Izmit am Marmara-Meer in der Türkei) berufen. 303 legte er jedoch zu Beginn der diokletianischen Christenverfolgung sein Lehramt nieder. Um 315 wurde er von Konstantin dem Großen nach Trier berufen, um dort dessen Sohn Crispus zu unterrichten.

Herausgeber der Sammlung war der Philologe und Literaturhistoriker Johann Ludolf BÜNEMANN (1687-1769). Er hatte in Halle studiert, wurde 1712 Rektor am Gymnasium in Minden und 1739 Rektor der Stadtschule zu Hannover. In der ADB 3 (1876, 540) vermerkte Karl Ritter von Halm, dass sich Bünemann als Schriftsteller „hohes Verdienst durch seine Bearbeitung des Lactantius (Leipzig 1739), mit einem alle Seiten der Erklärung gleichmäßig umfassenden Commentar, der noch jetzt zu den besten gehört, die wir zu lateinischen Prosaikern besitzen", erworben habe.

**Nr. 32– 1735**

Angaben im Zettelkatalog

| |
|---|
| 17 Gru |
| <u>Gruendliche</u> Auszuege aus denen neuesten theologisch-philosophisch u. philologischen disputationibus : welche aus denen hohen Schulen … gehalten worden. - [1 u. 2. Aufl.] Leipzig : Boetius : Friesen u.a., 1735 – 1746. - [Bd. 1 – 8 u. 11 - 14]. (Disputationes …) |
| [Bd. 1/2]. Disputationes 1733/34. 609, 603 S. |
|                                             20.555 |
| [Bd. 3/4].     "       1735/36. 659, 671 S. |
|                                               20.556 |

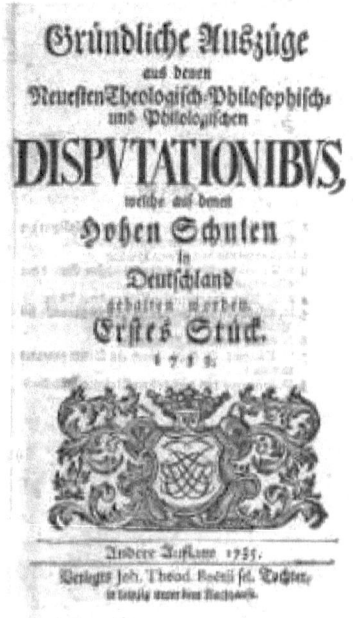

## IV. Naturwissenschaften und Medizin sowie Kameralwissenschaften

Das älteste Werk der ausgewählten Bücher stammt aus dem Jahr 1538 (noch älter als das Werk Luthers von 1545) – mit zahlreichen handschriftlichen Anmerkungen auf dem Titelblatt:

**Nr. 33 – 1538**
Angaben im Zettelkatalog

|  |
|---|
| 133 Cel/Re |
| Celsus, Aurelius Cornelius: Aurelii Cornelli Celsi de Remedica : 8 libri eruditissimi. Praecepta medicoversibus hexametris / Quintus Samonicus. De ponderibus & mesuris … / Rhemnius Fannius. Salingiaci : Soterexcudebat, 1538. 367 Doppels. [in getr. Zählung] |
| 20.879 |

Aulus Cornelius CELSUS (um 25 v. Chr. – um 50 n. Chr.) war eine der wichtigsten Medizinschriftsteller seiner Zeit und ein römischer Enzyklopädist. Er lebte und wirkte während der Herrschaftszeit von Kaiser Tiberius. Sein enzyklopäisches Werk *Artes* zu Rhetorik, Landwirtschaft und Medizin und weitere Gebiete ist nicht erhalten geblieben, jedoch ist der Teil *De Medicina* überliefert. Das Werk ist von den Ideen des griechischen Arztes Hippokrates geprägt, in dem er zahlreiche griechische medizinische Ausdrücke in das Lateinische übersetzte.

Die *8 libri* umfassen folgende Gebiete: Geschichte der Medizin – allgemeine Pathologie – einzelne Krankheiten – Krankheiten einzelner Körperteile – zwei Teile zu Pharmakologie – die Chirurgie und die Knochenbehandlung. Diese Teilschrift aus dem Werk von Celsus war die erste klassische medizinische Abhandlung, die nach ihrer Wiederentdeckung durch Guarion da Verona (1374-1460; Gelehrter und Humanist der italienischen Renaissance) im Jahre 1426 entdeckt und erstmals 1478 gedruckt wurde. Einige seiner Theorien wurden erst durch Paracelsus (1493-1541; para = gegen) verworfen.

(Phantasie-)Porträt aus dem 17. Jh.

**Quintus SAMONICUS (SERENUS)**
Der Name Sam(m)onicus wurde fälschlicherweise früher dem Quintus SERENUS (oder Quinctus Serenus Sammonicus) gleichgesetzt – den Namen Sammonicus trug ein anderer römischer Gelehrter (gest. um 211). Serenus (Lebendaten nicht bekannt, lebte zwischen dem 2. und 4. Jh. n. Chr.) war ein Medizinschriftsteller, Verfasser des medizinischen Lehrgedichts *De medicina praecepta*, das aus 1115 Hexametern besteht. Darin werden einige populäre Heilmittel beschrieben, die bereits bei Plinius bzw. Dioscurides zu finden sind. Bei ihm findet man auch die bekannte magische Formel *Abrakadabra* als Kur für Fieber und Malaria.

Zu Rhemnius FANNIUS gibt es zwar einige (auch digitalisierte) Werke – u.a. im Göttinger Universitätskatalog (GUK) –, jedoch kaum Lebensdaten. Er wird allgemein als Dichter und Arzt (nicht zu verwechseln mit einem Grammatiker offensichtlich gleichen oder ähnlichen Namens) bezeichnet, der im 4. Jahrhundert lebte und wirkte – so in „Imann. Joh. Gerhard Schellers ausführliches und möglichst vollständiges lateinisch-deutsches Lexicon oder Wörterbuch zum Behufe der Erklärung der Alten und Übung in der lateinischen Sprache…" (Leipzig 1788).

**Nr. 34 – 1737**

Angaben im Zettelkatalog

| |
|---|
| 132<br>Lin/Ge<br>Linné, Karl von:<br>Caroli Linnaei Genera plantarum : eorumque characteres naturales ...<br>[verm. 1. Ausg.]<br>Lugduni Batavorum : Wishoff, 1737. – 432 S.<br>      [in getr. Zählung].<br>Enth. Außerdem u.a. : Methodis sexualis ...<br>(...)                                                20.801 |

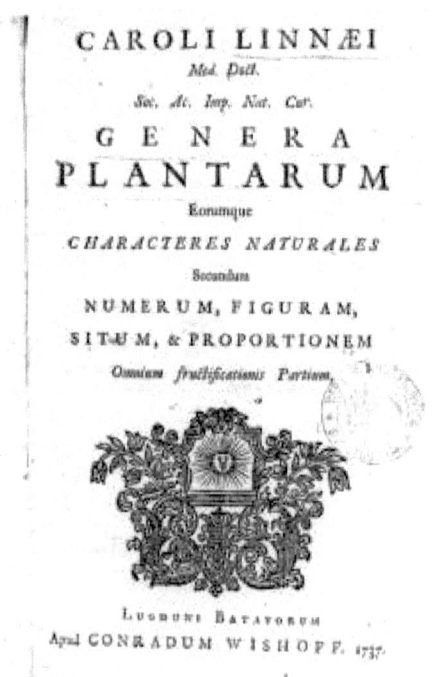

Carl von LINNÉ (1707-1778; geadelt 1756) war ein schwedischer Mediziner, Botaniker und Naturforscher. Er studierte zunächst ab 1727 Medizin in Lund, bald aber schon Botanik. Bereits 1729 entstand seine Schrift über die Sexualität der Pflanzen. 1730/31 arbeitete er an einem Katalog der Pflanzen des Botanischen Gartens von Uppsala. 1731 unternahm er eine Expedition nach Lappland und danach folgten weitere Forschungs- und Studienreisen. 1735 promovierte er in Medizin (Universität in Haderwijk/Holland, Provinz Gelderland), praktizierte zunächst als Arzt in Stockholm und wurde 1741 Professor der Medizin, 1742 auch Professor der Botanik und Direktor des Botanischen Gartens in Uppsala. Er war einer der bedeutendsten Systematiker seiner Zeit, der die biologische Systematik grundlegend reformierte und ein *System naturae* (1735 erstemals erschienen) schuf.

## Nr. 35 – 1748

Angaben im Zettelkatalog

|  | 132<br>Lin/Ho |
|---|---|
| Linné, Karl von:<br>Caroli Linnaei Hortus upsaliensis : exhibens planta exoticas ; horto Upsaliensis Academiae …<br>Amstelaedami : Wetstenius, 1748. – 306 S. + Anh.<br>(…) | 20.803 |

CAROLI LINNÆI

# HORTUS UPSALIENSIS,

*Exhibens*

PLANTAS EXOTICAS,

HORTO

UPSALIENSIS ACADEMIÆ

Ab anno 1742, in annum 1748,

*Additis*

DIFFERENTIIS, SYNONYMIS,
HABITATIONIBUS, HOSPITIIS,
RARIORUMQUE DESCRIPTIONIBUS.

*In Gratiam Studiosæ juventutis.*

Prostat AMSTELÆDAMI,
Apud J. WETSTENIUM,
1748.

Kopie der ausklappbaren Tafel

*Mimulus*: GAUKLERBLUMEN

Die Pflanzengattung *Mimulus* wurde früher zur Familie der Braunwurzgewächse (*Scrophulariaceae*) gezählt. In der aktuellen Systematik aufgrund von Gensequenzanalysen wird sie in die Familie der *Phrymaceae*, der Gauklerblumengewächse in der Ordnung der Lippenblütenartigen (*Lamiales*) geführt. Einige Arten werden auch als Zierpflanzen verwendet.

Bei den meisten Arten handelt es sich um einjährige bis ausdauernde krautige Pflanzen, wenige Arten bilden Halbsträucher mit einer verholzten Basis. Die oberirdischen Pflanzenteile sind kahl oder können auch drüsig behaart sein; die Laubblätter sind gegenständig. Die Blüten stehen seiten- oder endständig, einzeln oder in traubigen Blütenständen.

Je nach Autor wurden unter *Mimulus* L. (Gauklerblumen) – Synonym *Cynorrhynchium* – 7 oder sogar 150 bis 170 Arten zusammengefasst, die vor allem in der Neuen Welt (Amerika), Asien und Südafrika verbreitet sind. Drei dieser Arten sind Neophyten in Europa.

In einschlägigen Bücher über Gartenpflanzen wird die *Gauklerblume* heute wie folgt beschrieben:

**Mimulus x hybridus** mit der Heimat West-Amerika und Chile, als buschig und einjährig, gegenständigen, eiförmig, dunkelgrün glänzenden und am Rand gezähnten Blättern, eine endständigen Trichterblüte, je nach Sorte gelb, orange oder mehrfarbig gefleckt in endständigen Trauben. Sie erreicht eine Höhe von 20-30 cm und wird bevorzugt an Wasserrändern, im Steingarten und in Gefäßen angepflanzt. Als spezielle Arten (in Sumpfgärten) werden *M. aurantiacus*, strauchig, orangefarbene Blüten, Wuchshöhe bis 1,50 m, immergrün und *M. cardinalis* (aus Oregon-Mexiko), farbenprächtig, mit typischen Löwenmaul-Blüten aufgeführt. Manchmal wird die Gauklerblume auch Affenblume genannt.

Die Art *M. guttatus* zählt zu den *Bachblüten* (gelblühend) – steht für Vertrauen und Tapferkeit – aus Nordamerika, in weiten Teilen Europas eingebürgert.

**Nr. 36 – 1749**

Angaben im Zettelkatalog

| |
|---|
| 132 Lin/Ma |
| Linné, Karl von: <br> Caroli Linnaei Materia medica. <br> Holmiae : Salvius, 1749. – 262 S. [in getr. Zählung]. Liber 1. <br> Vw. Linnaeus, Carolus, s. Linné, Karl von <br> Lib. 1. De Plantis. |
| 20.804 |

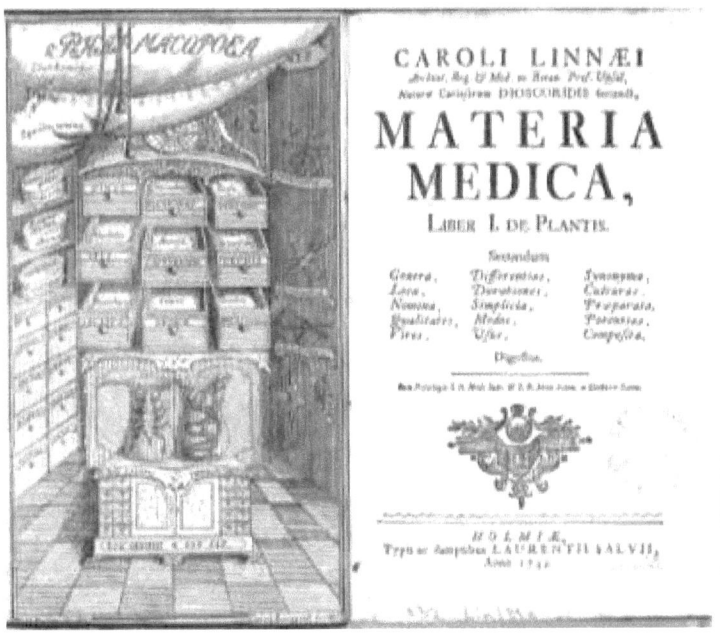

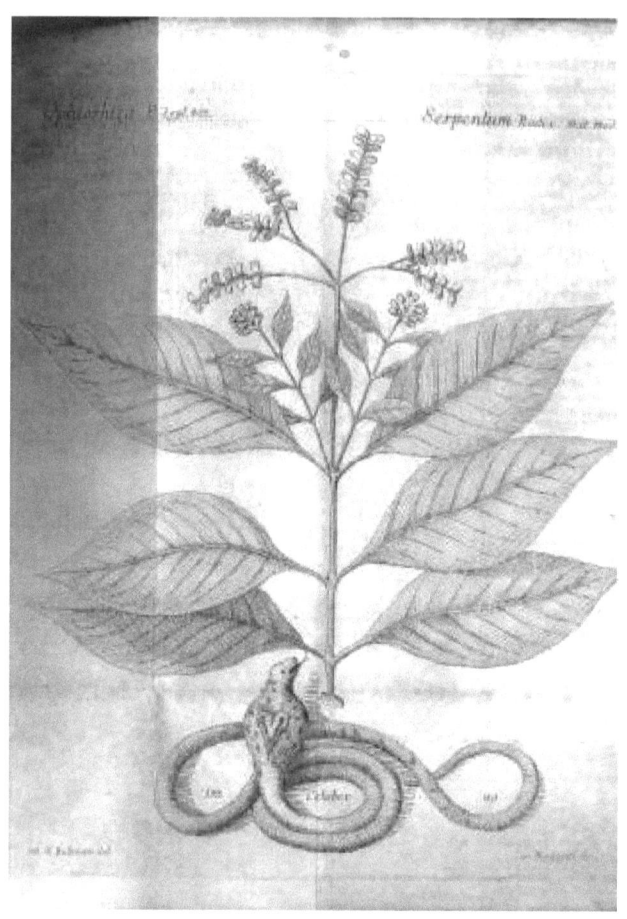

(Ausklappbare Tafel) Text:
79. **OPHIORHIZA**. *Fl. Zeyl*. 402
　　　MNGOS Radix. *Kempf. Amoen*. 577.
Loc: Java, Zeylona; Sumatra.　　*Perennis, peregrina.*
PHARM: SRPENTUM Radix
QUAL: amasisma.　　　VIS: expellens.　US: Ictus venenatis, Hydrophobia, Rabies, Synochus. COMP;

Es handelt sich um die **Indische Schlangenwurzel** – *Rauvolfia serpentina*, Syn. *Ophioxylon serpentinum* L. – auch Wahnsinnskraut, Schlangenholz, indische Schlangenwurz oder Java-Teufelspfeffer genannt.

Der immergrüne, aufrecht wachsende Strauch (60 bis 100 cm hoch) enthält einen Milchsaft und weist eine weiße Rinde auf. Die gestielten Laubblätter sind spitzeiförmig und glänzend. Die vielen kleinen weißen Blüten weisen rötlich Kelchblätter auf. Die Steinfrüchte sind erbsengroß, erst rot, dann schwarz.

Die aus Indien stammende Pflanze verbreitete sich auch in Indonesien, Pakistan, Sri Lanka, Thailand und in südlichen chinesischen Provinzen – vor allem in den Bergwäldern in Höhenlagen zwischen 800 und 1000 m.

Die Wurzeln der Pflanze wurden in Indien schon seit Jahrhunderten medizinisch verwendet. Nach dem heutigen Stand der Wissenschaft handelt es sich bei den Inhaltsstoffen um ein Gemisch von etwa 60 Alkaloiden (Monoterpen-Indolalkaloide), die abführend, beruhigend, blutdrucksenkend, krampflösend und stimmungsaufhellend wirken.

Linné führt unter der Abkürzung *Kaempf.amoen.* das Werk des Forschungsreisenden und Arzt Engelbert KAEMPFER (1651-1716) mit dem Titel „Amoenitas exoticae" (1712) an. Dieser bereiste im Dienste der Niederländisch-Ostindischen Kompanie Asien von Indien bis Japan. Das 900-seitige Werk von Kaempfer enthält auch eine Beschreibung dieser Pflanze.

## Nr. 37 – 1761

Angaben im Zettelkatalog

| | 132<br>Lin/Fa |
|---|---:|
| Linné, Karl von:<br>Caroli Linnaei Fauna svecica … ed. alt.<br>Stockholmia : Salvius, 1761. – 577 S. + Anh.<br>(…) | |
| | 20.799 |

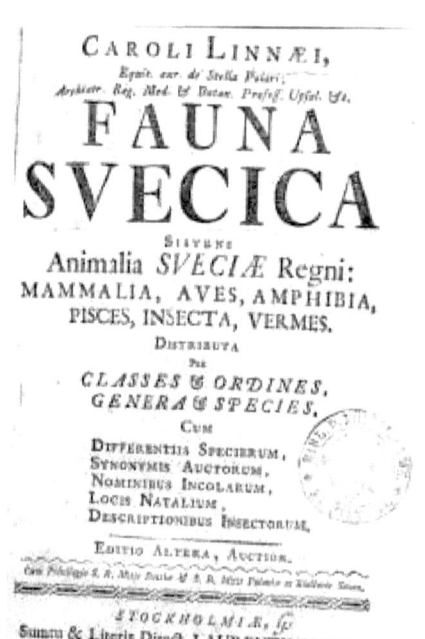

Ausklappbare Tafel aus dem Werk der FAUNA von LINNÈ
mit Abbildungen von Vögeln – und einem Käfer

**Nr. 38 – 1787**

Angaben im Zettelkatalog

|  |  |
|---|---|
|  | 13 Neu/K |
| <u>Neue</u> Abhandlungen. Der <u>K</u>oeniglichen Schwedischen Akademie der Wissenschaften neue Abhandlungen aus der Naturlehre … : für d. Jahr 1786 / [aus d. Schwed. übers. von Abraham Gotthelf Kaestner u. Joa(c)him Dietrich Brandis]. Leipzig : Heinsius, 1787 – 1788. – Bd. 7 u. 8(1). (…) |  |
| Bd.7. – 1787. – 3, 282 S. | 20.701 |
| Bd.8/1. – 1788. – 303 S. | 20.702 |

Die *Königlich Schwedische Akademie der Wissenschaften* wurde nach dem Vorbild der Royal Society of London (1660) bzw. der Académie des scienes in Paris (1666 bzw. 1699 Reglément durch Ludwig XIV.) 1739 in Stockholm gegründet. Sie hatte sich die Aufgabe gestellt, Wissenschaften, vor allem Naturwissenschaften und Mathematik, zu fördern. Zu ihren Gründungsvätern zählten u.a. Carl von Linné (s. Nr. 34 bis 37) und Anders Johan von Höpken (1712-1789), Politiker sowie Reichsrat und erster Sekretär des Gesellschaft.

1786, als dieses Werk erschien, wirkte als Sekretär Johan Carl Wilcke (Wismar 1732-1796 Stockholm), ein deutsch-schwedischer Physiker), dessen Vater als Pastor in Stockholm gewirkt hatte.

Ihre heutige Struktur erhielt die Akademie um 1820 durch den schwedischen Chemiker Jöns Jacob BERZELIUS (1779-1848), der das Amt des Sekretärs von 1818 bis zu seinem Tod innehatte.

Heute werden jährlich durch die Königlich Schwedische Akademien der Wissenschaften die Nobelpreisträger in Physik und Chemie bekannt gegegeben – und auch der von der Schwedischen Reichsbank gestiftete Alfred-Nobel-Gedächtnispreis für Wirtschaftswissenschaften. Die Akademie ist in zehn Klassen aufgeteilt. Ihr gehören zur Zeit etwa 400 gewählte schwedische Miglieder an.
Die Übersetzter dieses Bandes waren die bereits genannte Abraham Gotthelf KÄSTNER (s. Nr. 25 / Leipzig 1719-1800 Göttingen), Mathematiker und Joachim Dietrich BRANDIS (Hildesheim 1762-1846 Kopenhagen), Arzt und Apotheker.
Kästner war seit 1756 o. Professor für Naturlehre und Geometrie an der Universität Göttingen und ab 1763 auch Leiter der Sternwarte.
Brandis hatte in Göttingen studiert, war nach der Habilitation in Braunschweig von 1785 bis 1787 Privatdozent der Medizin in Göttingen. Er siedelte 1810 nach Kopenhagen um, wo er 1831 Mitglied der Akademie der Wissenschaften in Stockholm wurde.

**Nr. 39 -1765**

Angaben im Zettelkatalog

|  |
|---|
| 13<br>Neu/S<br>Neue Kameralschriften / [hrsg. von] Daniel Gottfried Schreber. Leipzig : Crusius. 1765- |

Unter *Kameralwissenschaft* verstand man im 18. Jahrhundert jene Wissenschaften, die den Kammerbeamten die erforderlichen Kenntnisse für ihre spätere Tätigkeit in der Verwaltung eines absolutistischen Staates vermittelten. Damit verbunden war Grundkenntnisse in der Wirtschaft, vor allem auch in der Landwirtschaft. In Preußen wurden erste Lehrstühle in Halle und auch in Frankfurt an der Oder ab 1727 errichtet – mit Schwerpunkten in der Ökonomie (Handel und Gewerbe) und Landwirtschaft.

**Nr. 40 – 1767**

Angaben im Zettelkatalog:

| | |
|---|---|
| | 13 Neu/S |
| Neue Kameralschriften / [hrsg. von] Daniel Gottfried Schreber. Leipzig : Crusius, 1767 – 1769. – Theil 9-12 Vw. EST s. Hrsg. NE: Hrsg.: | |
| T.9. – 1767. – 261 S. + Reg. | 20.708 |
| T.10. – 1768. – 252 S. + Reg. | 20.709 |
| T.11. – 1768. -222 S. + Reg. | 20.710 |
| T.12. – 1769. – 234 – 499 S. | 20.711 |

Daniel Gottfried SCHREBER (1708-1777) war Jurist. Er wurde in Schulpforte geboren. Nach einem Studium in Leipzig war er zunächst kursächsischer Kammer-Regierungssekretär und Kommissionsrat in Sachsen-Weißenfels sowie Administrator des Amtes Weißensee in Thüringen. 1743 promovierte er zum D. iur. utr. (beider Rechte) an der Universität Erlangen, war von 1747 bis 1760 Privatdozent für Philosophie und Kameralwissenschaften an der Universität Halle, von 1760 bis 1764 Professor für diese Fächer und Mitdirektor der Universität Bützow und schließlich ab 1764 Professor für Ökonomie, Polizei- und Kameralwissenschaften an der Universität Leipzig.

## Alphabetisches Verzeichnis der Werke (Autor und Kurztitel)

ABHANDLUNGEN, Königl. schwed. Akademie – Nr. 38
AVACINI, Niccolo: Poesis dramatica – Nr. 18
AYRMANN, Christoph Friedrich: Germ. Historie – Nr. 9

BAUDIUS, Dominicus: Epistolae – Nr. 2
BIBEL (Luther-), plattdeutsch – Nr. 28
BUCHNER, August: Epistolae – Nr. 20

CELSUS, Aurelis Cornelius: 8 Bücher – Nr. 33
CRUCIUS, Jacobus: Suada Delphica – Nr. 29
CUNAEUS, Petrus: Orationes – Nr. 17

DOLLE, Carl Anton: Geschichte Grafschaft Schaumburg – Nr. 11

ERASMUS von Rotterdam: Colloquia – Nr. 19

FACCIOLATI, Jacobo: Orationes – Nr. 30
FISCHART, Johann: Bienenkorb – Nr. 27

HERODIAN: Hist. Beschreibung – Nr. 5
HYGINUS, C. Jul.: Mythographi latini – Nr. 21

LACTANTIUS, Lucius Caecilius: Opera omnia – Nr. 31
LAGE, Georg Wilhelm von der: Thüringische Sündflut – Nr. 7
LANGUETUS, Hubertus: Epistolae – Nr. 6
LINNÉ, Karl von: Fauna – Nr. 37
LINNÉ, Karl von: Genera plantarum – Nr. 34
LINNÉ, Karl von: Hortus – Nr. 35
LINNÉ, Karl von: Materia medica – Nr. 36
LUTHER, Martin: Sammlung – Nr. 26

MAIORAGUS, Marcus Antonius: Orationes – Nr. 13
MORHOF, Daniel Georg: Sammlung – Nr. 23b
MORHOF, Daniel Georg: Unter. v. d. deutschen Sprache – Nr. 23a
MOSCHEROSCH, Johann Michael: Geschichte S. von Sittewalt – Nr. 14

N.N.: Auszüge (Disputationen) – Nr. 32
N.N.: Des Schlesischen Helicons Gedichte – Nr. 22
N.N.: König Friedrich II. – Nr. 8

OETTER, Samuel Wilhelm: Nachrichten aus hist Wiss. – Nr. 10

PAULUS, Johann Conrad: Gesch. des Möllenbecker Klosters - Nr.12
PICKART – s. FISCHART
PIDERIT, Johann: Chronik Grafschaft Lippe – Nr. 4

REICHARD, Elias Caspar: Historie der deutschen Sprachkunst – Nr. 24
ROHR, Julius Bernhard von: Jurist. Tractat – Nr. 25

SCHREBER, Daniel Gottfried: Kameralschriften – Nr. 39 / 40
SERRES, Jean de: Historie de France – Nr. 1
STATIUS, Publius Papinius: Werke – Nr. 15

VERNULAEUS, Nicolai: Orationes – Nr. 4

ZESEN, Philipp von: Orationes – Nr. 16

## LITERATUR

(Weitere Literaturangaben s. jeweils im Text zum jeweiligen Buch)

FEIGE, Rudolf: Das Akademische Gymnasium Stadthagen und die Frühzeit der Universität Rinteln, Beiträge zur Geschichte, Landes- und Volkskunde des Weserberglandes, Heft 1, Verlag der Bücherstube Fritz Seifert, Hameln 1956

HÄNSEL, Willy: Catalogus Professorum Rinteliensium, Verlag C. Bösendahl, Rinteln 1971

REICKE, Emil: Magister und Scholaren. Illustrierte Geschichte des Unterrichtswesens, E. Diederichs Verlag, Nachdruck des Ausgabe Leipzig 1901, Düsseldorf/Köln 1971 (3. Nachdruckauflage 1979)

GYMNASIUM ERNESTINUM (Hrsg.) / Text Willy Hänsel: 150 Jahre Gymnasium Ernestinum Rinteln. Das Rintelner Gymnasium im Spiegel der Zeit 1817-1967. C. Bösendahl Druckerei u. Verlag, Rinteln 1967.

GYMNASIUM ERNESTINUM u. ERNESTINA (Hrsg.): 175 Jahre Gymnasium Ernestinum, Rinteln 1992.